전 세계 0.1%만 아는 100억 가치가 되는 정보의 힘!!
성공하고 싶다면 이 책부터 봐라!!

MAGNET

MAGNET

초판 1쇄 인쇄일 | 2022년 3월 10일
초판 1쇄 발행일 | 2022년 3월 20일

지은이 | 김혜리
펴낸이 | 하태복

펴낸곳   이가서
주소   경기도 고양시 일산서구 주엽동 81, 뉴서울프라자 2층 40호
전화·팩스 031-905-3593 · 031-905-3009
홈페이지 www.leegaseo.com
이메일   leegaseo1@naver.com
등록번호 제10-2539호

ISBN 978-89-5864-370-8 03190

가격은 뒤표지에 있습니다.
잘못된 책은 바꾸어 드립니다.

＊ 이 책의 수익금 일부는 사단법인 국제문화경제일자리협회(www.iacei.or.kr) 에
   기부됩니다. 감사합니다.

자동끌림의 법칙!! **MAGNET**

세상을
바라보는 안목을
높여 인생이
달라지는

놀라움을 경험하라!

• 김혜리 지음 •

매그넛(MAGNET)은 '자동끌림'이다!

최근 지나간 추억을 돈으로 구매하는 일이 종종 일어나고 있다. 과거에 기억된 추억이 사람들에게 다시금 떠오르고 있는 것이다. 90년대 판매 당시 만원 안팎이 었던 '웨딩피치 요술봉'이 현재 20만원이 넘는 가격에 거래되는가 하면, 딱지나 불량식품도 그 당시 판매되던 가격보다 높게 거래되고 있다. 90년대 제품을 구매한 한 남성은 자신이 지불한 돈은 물건이 아닌 추억에 대한 값이기 때문에 가격은 크게 중요하지 않다고 밝히며 추억에 대한 가치를 표현했다.*

*요술봉 20만원 '내 어릴 적 추억을 삽니다', YTN 한 컷 뉴스, 2015.07.21

이처럼 사람들은 자신이 인지한 대상과의 추억을 오랜 시간 동안 간직하고 있으며, 그 가치 또한 돈으로 측정할 수 없을 만큼 귀하게 여기고 있다. 필자는 이러한 이야기를 접할 때마다 상대에게 기억된 추억이 지닌 가치가 '재산'인 시대가 성큼 다가왔다는 것을 느낀다.

현대의 사람들은 매일, 매 순간 많은 이들과 교류하고 있다. 가족, 친구, 직장동료, 온라인이나 SNS을 통한 불특정 다수 등 하루 동안 교류한 사람을 세어 보라 하면 손으로 꼽을 수조차 없을 것이다. 과연 그 많은 사람들에게 당신은 어떠한 가치를 지닌 사람으로 기억되고 있을까? 그들은 당신의 가치가 무엇이라고 생각하고 있을까.

우리는 자신의 가치를 향상시켜 상대에게 보다 좋은 사람으로 기억되기 위해 노력하고 있다. 필자 역시 예외는 아니다. 많은 사람들에게 가치 있는 사람으로 인지되고 그들에게 긍정적인 영향을 줄 수 있도록 지속적으로 지니고 있는 가치를 향상시키고자 꾸준히 노력했다.

2005년, 필자가 이미지 산업에 처음 뛰어든 해이다. 이 당시 부산에서 이미지 분야는 생소했고 전문가로서 활동하기에 매우 척박한 환경이었다. 대상에게 형성되는 이미지의 중요성을 인지시키고 이를 위한 교육을 진행하려 했지만 필자를 기억하고 찾아주는 이는 없었다.

상대에게 명확하게 기억되지 못했다는 것은 상대가 나를 가치 있게 느끼지 않았기 때문이라는 것을 깨닫는 순간, 필자는 '가치 있는 사람과 같이 하려면 스스로 가치 있는 사람이 되어야 한다'라는 생각을 했다. 단 한 번 만난 사람도 나의 진가에 매료되어 필자를 깊이 기억하고 또다시 찾을 수 있도록 말이다. 이때부터 필자는 상대에게 기억될 본인을 더욱 가치 있게 성장시키기 위해 지금까지, 현재도 노력하고 있다.

우리의 주변에는 추억 하나로 억만장자가 된 사람이 있는가 하면 추억 하나 때문에 다시는 회생하기 힘든 일을 겪는 사람도 있다. 전자와 후자의 사람이 갖고 있는 '매그넛(MAGNET)의 개념'과 스스로 자신을 관리하기 위해 '투자한 노력'은 분명히 달랐을 것이라 확신한다. 당신은 스스로가 어떠한 노력도 하지 않는데 상대가 당신을 가치 있는 사람으로 기억하여 찾아줄 것이라고 자신할 수 있는가?

앞으로의 세상은 '가치'가 갖는 힘으로 만들어지는 자기장, 그 자동끌림인 'MAGNET'의 현상을 깨닫고 지혜롭게 살아가야 할 것이다. 자신을 인위적으로 만들어서 보여주는 것이 아닌 진정한 자신의 가치를 담아 상대에게 오해 없이 전달하기 위해 노력해야 할 것이다.

떠올려보라. 한 대상이 갖는 무한한 가치를. 평창 동계 올림픽 유치에 큰 영향력을 발휘한 김연아가 지닌 가치, 방송 프로그램의 시청률에 지대한 영향을 미치는 유재석이 지닌 가치, 전자제품 성능에 있어 절대적인 신뢰를 주는 삼성이 지닌 가치, 고인(故人)이 되어서도 기업을 이끄는 리더십을 가진 정주영이 지닌 가치를 말이다.

사람들은 저마다 자신과 어떠한 대상에 가치를 담고자 지금도 많은 노력을 하고 있다. 자동끌림의 힘, 즉 매그넛(MAGNET)으로 인해 행복한 삶을 이루며 살고 있는 그들처럼 강력한 '매그넛(MAGNET)' 현상을 적극 활용하여 신명나게 각자가 소망하는 행복한 삶을 사는 마그네터(MAGNETER)가 되자!!

이것은 미래를 두고 생각했을 때. 대단히 가치 있는 일이다.

가치로 인한 강력한 자동끌림 = 매그넛(MAGNET)

머릿속에서 순식간에 일어나는 현상의 집합체의 가치가 갖는 힘으로 인해 자석같이 자동적으로 끌어당기는 현상을 '매그넛(MAGET)'이라고 한다. 매그넛은 긍정과 부정의 영향력을 갖고 있으며, 현대사회에서 삶의 매 순간마다 그 영향력을 발휘하고 있다.

모든 대상은 상대에게 기억된다. 머릿속에 기억된 대상은 각자의 가치를 지니며 개인의 판단, 평가, 관계 등에 직접적인 영향을 미친다. 이것을 인지하고 있는 자들은 매 순간 상대에게 기억될 가치를 단 하나라도 놓치지 않기 위해 노력하고 있다.

그러나 전략적으로 메이킹 한다고 해서 상대에게 자신이 가진 가치를 정확하게 전달할 수 있는 것은 아니다. 대상을 판단하는 사람의 주관성은 누구도 통제할 수 없으며, 가치로 인한 강한 자동끌림, 즉 매그넛(MAGNET)이 일상의 다양한 상황에서 어떤 영향력을 발휘할지 예측할 수 없기 때문이다. 필자가 지난 15년간 매그넛(MAGNET)을 연구하게 된 이유도 여기에 있다.

면접에서 숱하게 불합격하는 취업 준비생, 매번 이성과 인연이 닿지 않는 솔로, 승진의 문턱에서 쓴 고배를 마시는 회사원... 과연 이들은 무엇이 문제였던 것일까?

바로 상대에게 자신의 가치가 제대로 전달되지 않았다는 것이다. 노력하지 않았다는 얘기가 아니다. 분명 그들은 자신을 긍정적으로 전달하기 위해 엄청난 노력을 했을 것이다. 다만, 상대가 그들을 긍정적으로 기억하지 않았을 뿐이다. 다시 말해 그들의 가치가 의도치 않게 왜곡되어 상대에게 기억되어 있다는 것이다. 이처럼 인지되는 과정에서 오해가 발생하고 대상의 본질적 가치가 왜곡될 수 있다.

도대체, 왜 그럴까?

대상이 상대에게 전달될 때 반드시 관여하는 '매개체'가 있다. 그것이 다름 아닌 '매그넛(MAGNET)'이다.

매그넛 파워는 실로 엄청난 영향력을 갖고 있다. 매그넛 파워로 인해 대상의 스스로가 실체보다 과대평가될 수도, 평가절하될 수도 있다. 다음의 사진 중에 가치 있다고 생각되는 것은 무엇인가? 다른 사람의 생각은 어떠한가?

질문에 대해 자신과 타인의 답변이 같거나 다를 수 있다. 이 책을 통해 서로 다른 답변의 이유를 명확하게 이해할 수 있을 것이다.

당신이 반드시 기억해야 할 것이 있다. '세상의 모든 대상은 저마다의 가치가 있다'는 것이다. 그러나 대상이 기억되는 과정에서 매그넛의 영향력으로 인해 상대의 판단이 달라질 수 있다. 따라서 대상이 지닌 가치를 상대에게 오해 없이 전달하기 위해서는 강력한 자동끌림, 즉 매그넛(MAGNET)이 미치는 영향력에 대한 인지가 반드시 필요하다.

매그넛을 분명히 이해하고 그 영향력을 활용한다면 일상에서 일어나는 현상을 피하기보다는 그 현상의 원인과 직면하게 될 것이고, 보다 현명하게 해결할 수 있을 것이다.

뿐만 아니라 매그넛은 당신이 현대사회를 보다 지혜롭고 똑똑하게 살아갈 수 있도록 이끌어 줄 것이다. 또한, 매그넛을 깨달은 안목으로 세상을 바라본다면 당신이 사회에서 경험하는 다양한 상황에 대한 원인과 해결점을 스스로 발견할 수 있을 것이다.

매그넛(MAGNET) 파워의 이해 = 자동끌림의 첫걸음

주변에서 '이미지메이킹'이나 '이미지 전략' 등을 주제로 한 책을 쉽게 접할 수 있을 것이다. 하지만 대부분의 서적이 개인의 이미지를 향상시키기 위한 내용으로 구성되어 있어 이미지가 갖는 원론적인 '매그넛(MAGNET) 파워'에 대해 명쾌한 해답을 찾기가 모호한 현실이다. 그뿐만 아니라 기존의 이미지 관련 저서로 주변에서 일어나는 매그넛(MAGNET)과 관련된 현상을 설명하기에 그 범위가 좁아 다소 무리가 있었다.

필자는 이 책을 통해 자동끌림, 매그넛(MAGNET)의 중요성을 체감하고 있는 현대인의 공감을 이끌어낼 수 있도록 '매그넛(MAGNET)' 현상과 영향력에 대해 설명하고자 한다.

이 책의 내용은 이미지 파워와 매그넛의 총론적인 부분과 연계성, 가치로 인한 매그넛(MAGNET)의 특징, 매그넛 사례 분석과 부정적인 매그넛 파워 극복 방안 등의 내용으로 구성되어 있다.

매그넛(MAGNET)의 총론적인 부분인 이미지 파워와 매그넛 개념, 이미지 파워와 매그넛의 연계성, 매그넛 인지의 중요성과 필요성 등에 대한 내용을 책의 Chapter 1에 수록하였다. 매그넛(MAGNET)의 특징 부분은 Chapter 2~11에 구성되어 있으며, 그에 따른 영향력에 대해 상세히 다루었다. 매그넛 사례 분석 부분에서 필자는 공인이 겪은 매그넛에 대해 낱낱이 분석하였으며, Chapter 12에서 그와 관련된 내용을 집중적으로 다루었다. 선택받는 자들의 시크릿을 다루고 있는 Chapter 13을 통해 매그넛(MAGNET) 파워 앞에서 누구나 당당해질 수 있는 방법을 제시하였다. 그리고 Chapter 14에서는 이미지 파워와 강력한 매그넛(MAGNET)을 체감할 수 있는 생생한 현장에 대해 다루었다.

또한, 필자는 개인이 일상 속에서 경험하는 이미지 파워로 인한 매그넛(MAGNET)에 대한 객관적인 데이터를 수집하기 위해 '이미지 파워 관련 국민 인식 조사'를 실시하였다.

인터넷 설문 대행업체인 마크로밀엠브레인을 통해 1,000명의 일반인 20대~60대 남녀를 대상으로 설문조사를 실시하였으며 남녀 비율은 남자 50.9%, 여자 49.1%였다. 응답자의 연령대가 특정 연령대로 치우치지 않고 비교적 고르게 분포되어 설문의 타당성을 높일 수 있었다.

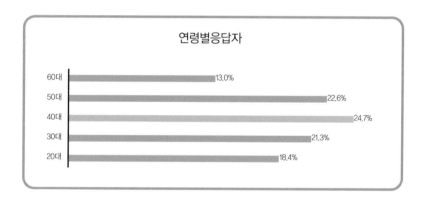

설문조사는 서울, 경기도, 충청북도, 충청남도, 전라북도, 전라남도, 경상북도, 경상남도, 제주도 등 전국 각 지역의 불특정 다수에게 온라인 설문조사 형식으로 진행하였다.

설문조사 결과는 놀라웠다. 대부분의 사람들이 자신의 일상 속에서 매그넛을 경험하고 있는 반면, 많은 현상들이 매그넛에 의해 발생하였다는 것에 대해서는 인지하지 못하고 있었다. 그뿐만 아니라 개인이라는 작은 영역에서부터 국가에 이르는 광범위한 영역까지 매그넷(MAGNET)이 매우 중요한 역할을 한다는 의견이 대다수였다.

설문조사, 다양한 사례, 이미지 예시, 애니메이션, 만화, 활동지 등으로 구성된 이 책을 통해 많은 이들이 매그넷(MAGNET)에 대해 쉽게 이해하고, 일상 속에서 활용하길 기대한다.

필자는 다음과 같은 사람들에게 이 책을 권하고 싶다.

오해로 인하여 손해를 경험한 적이 있는 사람
인상 형성의 과정과 원리를 알고 싶은 사람
부정적인 인식 형성의 원인을 알고 싶은 사람
상대에게 오해 없이 자신을 전달하고 싶은 사람
명확한 삶의 방향을 구축하고 싶은 사람
기업의 브랜드 가치를 향상시키고자 하는 사람
조직의 발전을 위해 매그넷을 활용하고 싶은 사람
자신의 진정한 가치를 발견하고 싶은 사람
세상을 바라보는 안목을 향상시키고 싶은 사람
매그넷의 영향력으로 성공하고 싶은 사람

전 국민 셀러시대인 21세기, 자신의 가치를 성공적으로 전하기 위해서는 '매그넷(MAGNET)'을 인지하고 매 순간 그 영향력을 느끼며 활용할 수 있어야 한다.

이 책을 통해 매그넷(MAGNET)이란 무엇인지 명확히 인지하고 가치로 인한 자동끌림, 매그넷의 긍정적인 영향력 활용방법과 부정적인 영향력 극복 방안을 숙지할 수 있을 것이다. 또한, 단순히 극단적으로 연출된 현상이 아닌 당신만의 진정한 가치를 상대에게 오해 없이 전달할 수 있을 것이다. 나아가 매그넛(MAGNET)으로 연결되어 소통하고 있는 세상을 바라보는 안목 또한 높일 수 있을 것이다.

기대하라, 지금 매그넛(MAGNET)에 관심을 갖고 이 책을 든 당신의 일상에 놀라운 변화가 시작될 것이다.

이|책|의|차|례

CHAPTER 01
'가치의 힘'

선택받는 자들의 시크릿!!
이미지 파워와 매그넛(MAGNET)

01

-
-
-

선택받는 자들의 시크릿!

눈을 감고 있어도 볼 수 있는 힘이 있다.
찰나의 순간이지만 강력한 파워를 지니고 있다.
굉장히 긴 시간 동안 많은 부분에 영향력을 행사한다.

이미지 파워 매그넛(MAGNET)

우리는 어떠한 대상을 보았을 때 스스로 판단하여 대상에 대한 자신만의 가치를 형성한다. 때로는 눈 앞에 대상이 제시되지 않아도 떠올릴 수 있다. 오히려 실체를 보지 않았을 때 더욱 다양한 가치를 떠올리기도 한다.

대상을 보고 기억할 때 개인이 인지한 부분이 결코 대상의 실체라 할 수 없다. 대상을 인지할 때 시각적으로 노출된 일부분만을 보는 것이기 때문이다.

그런데 재미있는 것은 개인이 대상의 실체를 모를 때에도 무궁무진하게 상상할 수 있다는 것이다. 실체가 제시되면 눈으로 확인하는 바가 사실이기 때문에 개인의 사고를 거칠 필요가 없다. 그러나 명확한 실체가 없이 개인의 주관으로 대상의 이미지를 떠올려야 할 때 각 개인은 자신만의 독특한 상(像)을 형성하게 된다. 이러한 현상은 이미지가 갖는 특성에 의한 것이다.

이미지는 상대의 주관에 의해 지각되고 형성되는 실체가 아닌 떠오르는 상(像)으로 상대에 대한 태도를 결정하고 판단하는 주관적인 기준이며, 대상의 지각 과정에서 통합적으로 인식되는 가치라고 할 수 있다(김혜리, 2014).

즉, 개인은 자신의 주관과 스스로가 중요하게 생각하는 가치에 따라 대상의 가치를 판단하여 이미지를 형성한다. 이미지로 인해 대상을 대하는 태도나 행동이 달라질 수 있다는 말이다. 당신은 상대의 이미지만 보고 능력이나 가치 등 보이지 않는 부분까지 판단한 적이 있지 않은가?

이미지는 개인의 주관으로 형성되는 특징 외에도 상대에게 대상을 단순화시켜 전달하고 오랫동안 기억시키는 힘이 있다. 개인은 지각 과정을 통해 대상을 인지하고 머릿속에 하나의 상(像)으로 기억하는데 이때 대상의 구성요소가 단순화된 2차적 이미지로 통합된다. 이렇게 통합된 이미지는 새로운 의미를 갖게 되며 개인의 머릿속에 각인되는 것이다.

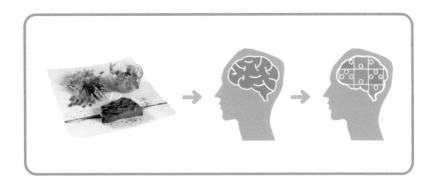

예를 들면 위의 왼쪽 음식을 보았을 때 사과, 빵, 샐러드의 각 구성물이 있지만 이것을 개인이 인지했을 때 '먹음직스럽다'라는 2차적 이미지로 통합된다는 것이다. 또한, 이렇게 형성된 2차적 이미지는 오랫동안 각인되어 유사한 이미지를 보았을 때에도 '먹음직스럽다'라는 자극을 주게 된다. 이처럼 개인의 지각 과정에서 이미지 형성은 수없이 일어난다.

이미지는 글보다 기억하기 쉽고 오랫동안 각인된다는 특징도 있다. 이러한 이미지의 특징을 활용한 사례를 주위에서 쉽게 볼 수 있다.

어린아이의 언어 학습 방법을 살펴보면 아이에게 글씨를 보여 주며 단어를 학습시키는 경우가 거의 없음을 알 수 있다. 많은 사람들이 아이에게 그림이나 사진 등의 이미지를 제시하며 해당하는 대상을 학습시킨다. 이러한 반복적인 학습으로 아이들은 이미지를 통해 대상을 기억하고 추후 동일한 이미지가 제시되었을 때 쉽게 기억해 내어 대상을 떠올릴 수 있게 된다. 글만 있는 소설책보다 동화책이나 만화책을 봤을 때 인상적인 장면이 선명하게 떠오르는 것도 같은 이치이다.

성인이 되어서도 이미지의 효과는 동일하게 나타난다. 상대를 만난 후 당시의 일을 기억하려 했을 때 상대와 나눴던 대화, 그의 직업, 만난 시간 등은 잘 생각나지 않지만 상대의 표정, 행동, 복장 등은 이미지로 기억되어 있기 때문에 선명하게 떠올릴 수 있다. 이처럼 이미지는 상대에게 대상을 쉽게 인지시키고 오랫동안 기억시키는 힘이 있다.

그러나 이미지의 이러한 특징이 한편으로 독이 될 수도 있다. 이미지가 상대의 머릿속에 오랫동안 기억되는 만큼 한 번 이미지가 각인되면 잘 바뀌지 않기 때문이다.

개인이 대상을 인지하는 과정에서 발생한 오해로 인해 대상의 이미지를 왜곡시켜 형성했을 경우 왜곡된 대상의 이미지를 바로잡기 위해서는 매우 많은 시간이 필요하다. 그러나 이미지 개선을 위해 많은 시간을 들였다 하더라도 한 번 형성된 대상의 이미지가 바뀌지 않는 경우도 있다.

다음의 설문조사를 통해 개인이 스스로 형성시킨 이미지에 대한 번복 여부의 정도를 알 수 있다.

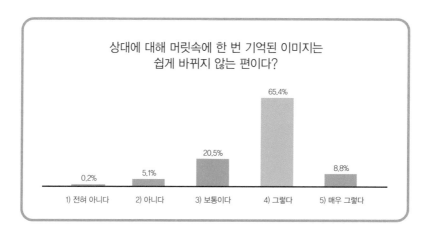

설문조사 결과, 대상에 대해 한 번 기억된 이미지가 쉽게 바뀌지 않는다는 응답이 전체의 74.2%로 높게 나타났다. 그중 8.8%는 '매우 그렇다'라고 답변한 것을 보면, 초기에 형성된 이미지가 매우 중요하다는 것을 알 수 있다. 반면, 대상에 대해 기억된 이미지를 바꿀 수 있다는 응답은 5.3%로 미비했다.

이미지를 형성할 때 일어나는 심리적인 현상은 다양하다. 위의 설문 결과를 미루어볼 때 다양한 심리적 현상 중 '초두 효과'가 지대한 영향을 미친다는 것을 알 수 있다.

초두 효과(Primacy effect)란 심리학 또는 사회심리학 용어이며, 처음 제시된 정보가 나중에 제시된 정보보다 대상의 이미지 형성과 기억에 더 큰 영향을 미치는 현상을 말한다. 아래에 제시된 내용을 보라.

당신은 누구와 함께 일하겠습니까?

A

매력적이다
똑똑하다
교감을 잘한다
변명이 많다
성격이 강하다
고집이 세다

B

고집이 세다
성격이 강하다
변명이 많다
교감을 잘한다
똑똑하다
매력적이다

당신은 어떤 사람을 선택했는가? 눈치챈 사람도 있겠지만 양쪽에 제시된 정보는 순서만 바꿔놓은 것이다. 아마도 많은 이들이 처음에 인지한 정보를 바탕으로 대상의 이미지를 형성했을 것이다. 인간관계에서 대상의 첫인상이 중요한 이유도 이러한 초두 효과의 맥락으로 이해할 수 있다.

하지만 초두 효과로 고착된 이미지는 '빈발 효과'와 '충격 효과'를 통해 변화를 시도할 수 있다.

빈발 효과(Frequency effect)란 대상의 첫인상이 좋지 않게 형성되었다 하더라도 반복해서 제시되는 대상의 행동이나 태도가 첫인상과는 달리 긍정적인 모습을 보이면 점차 좋은 인상으로 바뀌는 현상을 말한다.

당신이 동네에 헬스장이 하나밖에 없어서 어쩔 수 없이 회원 등록을 했다고 가정해 보라. 처음에는 공간도 좁고 기구 종류도 많지 않은 헬스장에 대해 이미지가 부정적으로 형성될 수 있다. 그러나 자주 방문하면서 익숙해지고 장점도 발견한다면 헬스장의 이미지가 긍정적으로 바뀔 수 있다.

우리는 일상에서 빈발 효과로 인해 이미지가 바뀌는 경험을 종종 한다. '열 번 찍어 안 넘어가는 나무 없다'라는 속담도 이미지의 빈발 효과를 의미하고 있다.

충격 효과(Shock effect)는 평소 대상에게 전혀 느끼지 못했던 충격적인 일이나 예상하지 못한 행동 등으로 인해 대상의 이미지가 일시에 바뀌는 현상을 말한다.

평소 털털하고 편한 이미지 때문에 전혀 여자로 느껴지지 않던 동료가 어느 날 여성스러운 원피스를 입고 곱게 화장한 모습으로 나타난 순간 기존의 이미지가 바뀔 수도 있다.

이처럼 이미지는 대상의 인상을 좌우하는 데 중요한 역할을 한다. 이미지 형성 시 발생하는 심리적인 효과뿐만 아니라 다양한 부분에서 이미지의 영향력이 발휘되고 있다. 특히, 대상에 대한 판단, 평가, 결론을 내릴 때 이미지 파워는 엄청난 영향력을 발휘한다.

현대사회에서 상대에게 자신의 이미지를 오해 없이 전달하고 호감적인 이미지로 기억시키고자 한다면 이미지 파워를 인지하고 자동적으로 끌려지는 현상인 매그넛(MAGNET)이 발휘하는 영향력을 인지해야 할 것이다.

가시적 결과를 만들어낸 이미지

이미지는 개인을 평가하는 기준으로서의 역할과 대상을 쉽게 기억시킬 수 있다는 특징 외에도 놀라운 능력이 있다. 이미지를 떠올리는 것만으로 온몸의 신경이 반응하여 눈으로 확인 가능한 변화를 만들어내기도 한다. 실제로 이미지를 활용하여 가시적인 결과를 도출한 연구가 존재한다.

다음은 KBS에서 2006년 1월 22일 방영한 〈KBS 스페셜 특별기획 다큐멘터리 마음 제2편, 생각하는 대로 이루어진다〉에서 소개된 연구이다. 미국 클리브랜드 병원의 레너 연구소에서는 미국 보건협회의 지원을 받아 '생각으로 근육의 힘을 키우는 것'에 관한 대규모 연구를 진행하였다.

비너스랑 다단 박사와 광예 박사를 중심으로 진행된 이 연구에서는 실험 참가자가 실제로 운동을 하지 않지만 운동을 한다는 생각을 통해 근육 강도의 변화를 측정하였다.

3개월간의 훈련 결과는 놀라웠다. 실험 참가자의 팔꿈치 근력이 15% 증가된 것이 관찰되었다. 즉, 상상만으로 근육을 키우는 것이 가능하다는 것이다.

자료〈KBS 스페셜 특별기획 다큐멘터리 마음 제2편, 생각하는 대로 이루어진다〉(2006년 1월 22일 방영)

실험 참가자는 "3회 세션을 가진 후부터 이미 팔꿈치 근육이 강해졌다는 느낌을 받았다"라고 했다. 이를 통해 근력 강도의 수치적인 변화뿐만 아니라 실험 참가자 스스로도 변화를 느끼고 있음을 알 수 있다.

연구를 마친 광해 박사는 팔뚝으로 테이블을 매우 강하게 들어 올리는 상상을 하거나 강한 힘을 버티는 생각만으로도 팔꿈치 근육을 강화시킬 수 있다고 정리했다. 또한, 비너스 랑과 단 박사는 어떤 종류의 과제라도 마음속으로 어떻게 할 것인지 생각하여 트레이닝한다면 실제로 그것을 행할 때 무척 간단해진다고 했다. 왜냐하면 이미 두뇌는 그 일에 대한 훈련을 상상으로 해왔기 때문이라고 밝혔다.

연구결과를 통해 알 수 있듯이 이미지를 통한 훈련을 꾸준히 하는 것만으로도 실제로 행동하는 것 못지않은 결과를 얻을 수 있다.

IT계에서도 최근 이미지를 활용한 제품 개발에 집중하고 있다. BBC 테크놀로지는 포르투갈에서 조종사의 뇌파만을 이용해 드론을 조종하는 시연이 성공적으로 진행됐다고 전했다. 기술을 시연한 업체 테케버(Tekever)의 최고 운영자는 뇌파를 이용한 조종이 항공 분야에서 혁신을 일으킬 것이라고 전했다.*

이처럼 이미지 파워의 영향력을 인지한 의학계, IT계 등에서는 이미지를 활용한 실생활의 편의와 성장을 위해 많은 노력을 하고 있다. 이미지가 갖는 놀라운 힘을 인지하였다면 이를 긍정적인 방향으로 활용하기 위해 노력해야 할 것이다. 매 순간 긍정적인 이미지를 떠올리거나 자신이 해야 할 일에 대한 방향을 이미지로 선행해 보는 것 등 이미지 파워 활용을 통해 보다 성공적인 결과를 기대할 수 있을 것이다.

---

*생각만으로 드론 조종… 인공 손보다 놀랍다. 헤럴드경제. 2015.02.26.

이미지의 영향력

이미지는 개인, 기업, 제품, 환경, 지역, 국가 등 우리 주변의 모든 대상에서 영향력을 발휘한다. 따라서 상대에게 긍정적인 이미지를 형성하기 위해서는 이미지를 관리해야 할 필요가 있다. 다음의 설문조사를 통해 이미지 중요성에 대한 사람들의 의식을 알 수 있다.

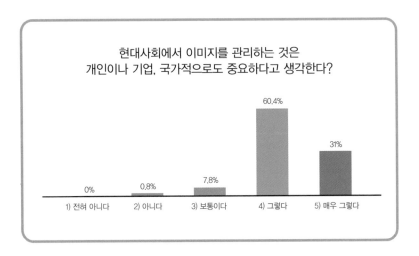

현대사회에서 이미지를 관리하는 것은
개인이나 기업, 국가적으로도 중요하다고 생각한다?

60.4%

31%

7.8%

0.8%

0%

1) 전혀 아니다　　2) 아니다　　3) 보통이다　　4) 그렇다　　5) 매우 그렇다

설문조사 결과, 현대사회에서 이미지 관리가 중요하다고 응답한 사람이 91.4%였으며 그중 매우 중요하다는 응답이 31%로 나타났다. 그렇지 않다는 응답은 1%도 되지 않는 매우 낮은 수치였다.

이를 통해 현대사회에서 이미지 관리는 매우 중요하며 개인에서부터 국가까지 모든 대상에게 이미지 관리가 필요하다는 것을 알 수 있다.

사람들은 이미지 관리의 중요성에 대해서도 인지하고 있다. 이는 대상을 판단할 때 스스로 이미지를 중요한 요소로 반영한다는 것을 의미한다. 즉, 이미지는 대상이 상대의 평가를 받거나 인간관계를 폭넓게 해나갈 때 중요한 요소로 작용한다는 말이다.

이미지가 사회 여러 분야에 미치는 영향은 매우 크다. 특히, 개인의 평판과 인간관계에 이미지가 중요한 요소로 작용한다는 것은 명실상부한 사실이다. 이 때문에 현대의 사람들은 상대에게 자신의 이미지를 호감적으로 전달하기 위해 많은 노력을 한다.

당신은 어떤 상황에서 자신의 이미지를 긍정적으로 형성하기 위해 노력하는가? 집 밖을 나서는 순간 자신에 대한 상대의 평가가 시작된다는 것을 아는 당신이라면 집에서 혼자 편하게 시간을 보낼 때를 제외한 모든 순간에 이미지 관리를 한다고 해도 과언이 아닐 것이다.

개인의 이미지는 동일한 상황에서 다른 결과를 도출하는 중요한 요인이 되었다. 비즈니스 미팅에서 담당자의 표정, 복장, 말투, 행동 등의 이미지가 비즈니스의 성패를 좌우할 수도 있다. 그뿐만 아니라 이성을 만나는 소개팅이나 선 자리, 취업의 당락을 결정짓는 면접, 인간관계를 맺는 모임 등의 상황에서도 개인의 이미지로 인해 결과가 달라질 수 있다.

이처럼 상대의 평가를 받는 상황에서 개인의 이미지는 매우 중요한 역할을 한다. 따라서 개인은 상대에게 긍정적이고 호감적인 이미지를 형성하기 위해 꾸준히 노력해야 한다.

이미지는 기업의 브랜드 가치에 직접적인 영향을 미친다. 2015년 상반기를 떠들썩하게 했던 '땅콩 회항 사건'을 통해 이미지 파워를 실감할 수 있다. 브랜드 가치 평가사인 브랜드스톡에 따르면 '땅콩 회항 사건' 이후 대한항공의 브랜드 가치가 45위로 급하강했다. 2014년 종합순위(6위)보다 무려 39계단 하락한 것이다.[*]

---

[*]조현아 효과? 대한항공 가치 추락, 한국일보, 2015.03.31.

브랜드스탁 국내브랜드 Top10 및 주요기업 순위

순위	브랜드	등락	BSTI
1	삼성갤럭시		936.4
2	마트		922.3
3	롯데백화점	2△	905.4
4	인천공항		901.8
5	롯데월드어드벤처	2△	900.8
6	네○버	5△	900.0
7	신라면	3△	899.6
8	참○슬	1△	898.1
9	카카오톡	6▼	898.0
10	신한카드	2▼	898.0
11	아○폰	8△	897.9
⋮	⋮	⋮	⋮
19	아시아나항공	3△	883.9
25	구글	41△	879.7
44	노스페○스	5△	860.1
45	대한항공	39▼	860.0

*자료: 2015년 1분기 브랜드스탁 조사

　대한항공이 겪은 악성 이슈로 인해 기업 이미지가 저하되었으며 이로 인해 브랜드 가치 또한 급격히 하락하였다.

　브랜드스탁의 브랜드 가치 평가 국내외 경제전문가 200인이 참여한 '기업 명성 평가'에서도 대한항공이 최하위를 기록했다. 기업 명성 평가요소에는 경영역량, 혁신성, 신뢰감, 좋은 인상, 사회 책임, 국제역량, 장기 생존역량, 소비자 권익 보호 등 총 8개 항목이 있다. 국내 100대 기업 중 기업 명성평가 1위는 삼성전자로 국제역량, 경영역량, 장기 생존역량의 세 가지 항목이 월등히 높았다. 이에 따라 신뢰감, 좋은 인상 항목도 자연히 높게 나타났다.

　반면, 대한항공은 장기 생존역량과 국제역량 항목을 제외한 항목에서 가장 낮은 점수를 받았다. 특히, 좋은 인상, 사회 책임, 소비자 권익 보호 항목은 항목별 평균에도 미치지 못하는 점수를 받았다.[*] 이 역시 땅콩 회항 사건에서 드러난 '갑질 횡포' 논란의 결과라 할 수 있다.

'땅콩 회항 사건'으로 대한항공이 가장 크게 잃은 것은 무엇보다 글로벌기업으로서의 공공 이미지라고 전문가들은 입을 모았다.[**]

최근 코로나19 항바이러스에 국내 최초로 효과가 있다고 홍보하여 2개월의 영업정지 행정처분을 받은 '남양 불가리스 과대광고 사건'을 통해 남양유업이 그동안 쌓은 기업가치는 단번에 무너졌다. 또한, 기업에 대한 불신이 커져 남양유업의 이미지에 흠집이 났고, 그로 인해 부정적인 매그넷(MAGNET)이 형성되어 전 국민 불매운동까지 확산되었다.

이처럼 이미지는 기업의 평가와 브랜드 가치 등락에 매우 중요한 역할을 하고 이미지 파워로 인해 형성된 긍정적 매그넷(MAGNET)은 성공적인 기업 경영을 위해서 요구되는 필수 요소가 아닐 수 없다.

이미지는 기업의 브랜드 가치뿐만 아니라 사람들에게 지역의 정체성을 명확히 전달하고 각 지역의 특색을 알릴 때에도 중요한 역할을 한다.

한국의 각 지역에는 그마다 특징이 있다. 관광도시, 항만도시, 지역축제, 유적지, 각종 특산물과 명물까지 다양한 특색을 갖고 있다. 지역마다 이러한 특징을 살려 각 지역의 인상적인 이미지 형성을 위해 노력하고 있는 것이다.

지역단체에서는 자신이 속한 지역의 긍정적인 매그넷(MAGNET) 형성과 국민들의 지역인 지도 향상을 위해 다양한 분야에서 이미지를 활용하고 있다.

깨끗한 지역 환경을 조성하고 캠페인과 지역광고를 지속적으로 노출하는 것도 이미지 파워를 활용하여 지역의 매그넷(MAGNET)을 긍정적으로 구축시키기 위한 노력 중 하나라 볼 수 있다.

---

[*]명성평가 1위 '삼성전자', 뉴스토마토, 2015.05.10.
[**]'땅콩 회항' 대한항공 169일… 무엇을 잃고 무엇을 얻었나, 브릿지경제,. 2015.05.25.

다음은 각 지역의 엠블럼과 마스코트이다. 지역에서 엠블럼과 마스코트를 제작하여 지속적으로 노출시키는 것 또한 이미지 파워를 활용한 긍정적 매그넛(MAGNET) 구축을 위한 노력의 예라 할 수 있다.

각 지역의 엠블럼을 통해 국민들에게 지역 정체성을 인지시킬 수 있고 마스코트를 활용함으로써 지역의 특색을 상징적으로 전달할 수 있다. 또한, 간단하게 함축된 이미지는 지역가치를 상대에게 긴 설명글이나 복잡한 안내보다 효과적으로 전달하며, 해당 이미지를 노출시킨 대상이 그 지역으로 방문하고 싶게 하는 매그넛(MAGNET)을 강력하게 구축할 수 있게 한다.

이러한 이유로 엠블럼이나 마스코트, 로고 등을 제작하는 데 비용을 투자하고 다양한 디자인 중 최종 선택을 할 때 신중을 기하는 것이다.

이미지는 국가의 경제와 신뢰에도 지대한 영향을 미친다. 2015년 5월 한국의 이미지 하락에 치명적인 영향을 끼친 사건이 발생했다. 바로 '메르스(중동호흡기증후군) 사태'이다. 메르스 사태를 겪으면서 한국의 이미지는 극심한 타격을 입었다. 바이러스 초기 진압에 실패한 정부, 메르스 확진자 또는 의심자가 보인 사회적 행동, 국민들의 SNS를 통한 메르스 괴담 유포, 병원의 신뢰도 하락 등으로 인해 한국은 '전염병 잠식 국가'라는 이미지를 형성했다.

이러한 국가 이미지 하락으로 인해 파생된 문제는 매우 심각했다. 기획재정부의 모니터링 결과, 6월 말까지 방한 외국인 예약 건수가 거의 없고, 놀이공원 입장객 등 여가활동도 회복되지 않은 것으로 나타났다.[*]

메르스 사태로 인해 형성된 '공포', '두려움'의 이미지는 국가 경제에 엄청난 충격을 주었다. 메르스를 겪는 4주간 국민들의 경제 활동과 외부 출입이 급격히 줄어듦에 따라 대형마트의 매출이 평균 13.3%가 감소했으며, 백화점의 매출은 23.9%나 격감했다.

한국경제연구원은 '메르스 사태의 경제적 효과분석' 보고서에 따르면 메르스 사태가 1개월 이내인 6월 말까지 종결 시 경상 국내총생산(GDP) 손실액은 4조 425억 원, 7월 말종 결시 9조 3377억 원, 8월 말종 결시 20조 922억 원에 이를 것으로 전망했다.^{**}

---

[*]메르스, 세월호보다 경제 충격 4배.. 회복 속도 느리다, 헤럴드경제, 2015.07.02.
^{**}왜 메르스를 조기에 잡아야 하는가, 중도일보, 2015.06.30.

우리는 메르스와 같은 국가적 문제가 발생했을 때 이미지 파워가 일으키는 여파를 인지하고 보다 신중한 행동을 할 필요가 있다. 한 번 하락된 이미지를 다시 회복하기 위해서는 엄청난 시간과 노력이 필요하기 때문이다.

메르스 발생 후 한국이 보여준 늑장 대응과 정확한 정보공개를 꺼리는 정부의 태도로 인해 국민들의 머릿속에는 '불신'이라는 이미지가 형성됐다. 또한, 한국은 국제 보건 기구(WHO)의 신뢰를 잃었으며, 그 결과 WHO와 메르스 합동조사까지 하게 되었다. 한국은 메르스 사태가 종결된 후 하락된 이미지를 개선하기 위해 끊임없이 노력해야 할 것이다.

메르스 사태가 발생하기 전 한국의 이미지는 IMF 위기를 가장 단기간에 극복하여 세계를 경악시키고 전쟁을 겪은 후 58년 만에 현재의 모습으로 거듭난 '놀라운 나라'였다. 세계지도에서 찾기 힘들 만큼 작은 땅덩어리의 나라지만 세계 각국에 기술과 문화를 수출하는 '앞선 나라'였다. 또한, 미국의 전 대통령인 버락 오바마가 "한국이 이렇게 빨리 발전할 수 있었던 것은 교육의 힘이다"라고 말할 만큼 '놀라운 교육수준을 가진 나라'라는 이미지가 형성되어 있었다.

하지만 이러한 한국의 이미지를 바닥에 떨어뜨린 것은 무엇이었을까? 한국에 메르스 감염자가 발생한 후 불과 일주일도 채 되지 않아서 1,000명의 감염자와 450명 이상의 사망자가 발생한 사우디아라비아보다도 세계적인 이슈가 되었다. 당시 감염자는 10명도 되지 않았을 때인데 말이다.

어떻게 이럴 수 있었을까? 머릿속으로 떠올려 보라. 당신은 뉴스, 기사, 온라인, SNS 등의 매체를 통해 얼마나 많은 메르스 관련 정보를 접하였는가? 한국의 이미지가 부정적으로 형성되는 데 다양한 이유가 있겠지만 가장 큰 역할을 한 것은 다름 아닌 한국의 '국민'일 수도 있다.

코로나19와 같이 국가에 재난이나 전염병 등의 사태가 발생했을 때 정부는 왜 신속히 사태를 축소시키기 위해 노력하겠는가? 국가의 이미지 하락으로 형성된 부정적 매그닛(MAGNET)으로 인해 발생될 여파를 막기 위해서이다.

당신은 자신의 모국이 수출 금지 국가, 여행금지 국가, 출국금지 국가가 되길 바라는가? 그렇지 않다면 국가적 문제가 발생했을 때 국민의 행동이 한국의 이미지 형성에 미칠 영향에 대해 깊이 생각해 보아야 한다. 또한, 국가의 이미지 하락을 예방할 수 있도록 보다 현명하게 행동하는 국민이 되기 위해 노력해야 할 것이다.

현대사회에서 이미지 파워가 갖는 힘은 매우 크다. 이미지 파워의 긍정적 영향력이 발휘되어 형성된 이미지는 대상을 좋게 인식시키고 신뢰를 향상시켜 줄 수 있다. 반면, 이미지 파워의 부정적 영향력이 발휘되어 형성된 이미지는 대상에 대한 편견과 선입견을 만들 뿐만 아니라 신뢰와 믿음을 한순간에 무너뜨릴 수도 있다. 이처럼 이미지 파워는 상대에게 대상을 인지시키고 평가받을 때에 매우 중요하게 작용한다. 따라서 이미지 파워에 대해 이해하고 매 순간 이미지 파워의 긍정적 영향력을 발휘할 수 있도록 노력해야 할 것이다.

이미지 파워는 우리의 일상 속 다양한 분야에서 대상의 매그넛(MAGNET) 형성에 영향력을 발휘하고 있다. '루키즘' 시대를 살아가는 현대의 사람들은 이미지에 대해 이해하고, 그것이 갖는 파워와 이미지로 인해 발생되는 매그넛(MAGNET)의 양면성을 바르게 인지하여 세상을 바라보는 안목을 키워 현명하고 지혜롭게 직면하는 일들을 해결해 나가야 할 필요가 있다.

이미지 파워와 매그넛(MAGNET)을 기억하라!

우리는 일상 속에서 수많은 이미지 파워와 매그넛을 경험한다. 하지만 그것으로 인해 구축되는 영향력을 인지하지 못하는 경우가 많다. '왠지', '나도 모르게', '이유는 모르겠지만' 등 까닭 모를 일이라고 여겼던 상황들이 이제는 이미지 파워와 매그넛(MAGENT)에 의한 현상이라는 것을 알아야 한다.

다음의 활동지를 통해 자신의 삶을 이끌 수 있는 이상적 이미지를 그려볼 수 있다. 자신을 이끌 이미지를 생생하게 떠올린다면 이미지 파워를 통한 긍정적 매그넛(MAGNET)을 실감하는 데 도움이 될 것이다.

Step1. 삶의 방향을 이끌어줄 이미지 파워로 인한 매그넛(MAGNET)

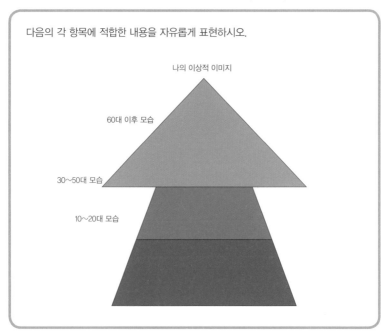

다음의 각 항목에 적합한 내용을 자유롭게 표현하시오.

나의 이상적 이미지

60대 이후 모습

30~50대 모습

10~20대 모습

나의 이미지 체크리스트

자신이 일상 속에서 대상을 판단하거나 평가할 때 이미지를 얼마나 중요한 요소로 생각하는지 다음의 문항을 통해 점검해 볼 수 있다. 또한 각 장에서 다음의 문항에 대해 한국 사람들이 통상적으로 생각하는 바를 확인할 수 있다.

1. 동일한 사람이나 사물을 보고 상대방과 다른 이미지를 떠올려본 적이 있다.
① 매우 그렇다 ② 그렇다 ③ 보통이다 ④ 아니다 ⑤ 전혀 아니다

2. 제품 구매 시, 제품이 갖는 이미지가 중요하다고 생각한다.
① 매우 그렇다 ② 그렇다 ③ 보통이다 ④ 아니다 ⑤ 전혀 아니다

3. 대상의 이미지를 보고 생각했던 모습과 실제모습이 다를 경우 실망스럽다.
① 매우그렇다 ② 그렇다 ③ 보통이다 ④ 아니다 ⑤ 전혀 아니다

4. 상대의 말보다 행동이나 표정을 통해 감동받은 경험이 있다.
① 매우 그렇다 ② 그렇다 ③ 보통이다 ④ 아니다 ⑤ 전혀 아니다

5. 장소를 찾거나 제품을 구분할 때 로고나 대표 이미지를 통해 쉽게 식별한 적이 있다.
① 매우 그렇다 ② 그렇다 ③ 보통이다 ④ 아니다 ⑤ 전혀 아니다

다흰이와 함께하는 이미지 파워와 매그넛!

우리는 타인과 교류할 때 누구나 '대상의 이미지를 형성하는 자'이면서 '이미지가 형성되는 대상'이 될 수 있다는 것을 기억해야 한다. 이러한 이미지 파워로 인해 강력한 매그넛(MAGNET)이 형성되어 일상에서 영향을 주고받고 있다는 것 또한 간과해서는 안 된다.

당신이 '누군가'를 평가하고 있는 그 순간에 누군가는 '당신'을 평가하고 있을 수 있다. 이미지는 매우 짧은 순간 형성되고 그 이미지로 구축된 매그넛은 아주 강력하다. 한 번 형성된 매그넛(MAGNET) 현상을 변화시킬 때는 굉장히 많은 시간과 노력이 필요하다. 또한, 자동으로 끌려지는 현상, 매그넛을 무시하고, 가벼이 여기기에 현시대에서는 매우 중요한 요소로서 다양한 분야에 적용되고 있다.

이제는 이미지 파워로 인한 자동끌림의 법칙, 매그넛(MAGNET)을 알아야 할 때이다.

CHAPTER 02
'경험의 힘'

메타버스 시대!
경험은 나를 성장시킨다!

02

• • •

메타버스 시대! 경험의 힘!

사람은 저마다 다양한 경험을 한다.
경험은 깨달음이 되어 머릿속에 기억된다.
기억된 경험은 삶의 많은 부분에서 작용한다.

경험, 기억, 재생

현실 세계처럼 사회와 경제, 문화 활동이 이뤄지는 메타버스 시대에 우리는 살아가면서 다양한 경험을 한다. 가상과 현실 사이에서 가상은 현실이 되고 현실은 가상이 되는 시대에 겪는 다양한 경험은 쉽게 잊히지 않고 제각각 독특하게 머릿속에 기억된다. 훗날 기억 속의 대상을 누군가가 지칭했을 때 각인된 기억을 바탕으로 그것을 생생하게 떠올릴 수 있으며, 이 과정에서 다양한 반응이 나타난다.

웃거나, 울거나, 행복하거나, 불쾌하거나, 몸서리치는 등의 반응 말이다. 그저 대상을 떠올렸을 뿐인데 우리의 몸에서는 실제로 다양한 반응을 보인다. 그 이유는 과거의 경험이 현재 다시 재생되었기 때문이다.

아래의 사진을 보라. 당신에게 어떠한 반응이 나타나는가?

아마 도입에 침이 고였거나, 눈을 질끈 감으며 침을 꼴깍 삼켰을 것이다. 실제 과일을 맛보거나 향을 맡는 것이 아닌 사진을 봤을 뿐인데 말이다. 이러한 현상은 과거에 과일을 먹어 봤던 경험이 머릿속에 각인되어 있다는 증거라고 할 수 있다. 제시된 사진으로 인해 새콤달콤한 맛이 다시 상기되면서 그 당시 일어났던 신체적 반응이 똑같이 나타난 것이다.

비단 음식에서만 나타나는 현상이 아니다. 아래의 사진을 봤을 때 무엇이 가장 먼저 떠오르는가?

저 이불 속에 들어가고 싶다는 생각, 다이빙하듯이 풀썩 눕고 싶다는 생각이 들었는가. 위의 사진을 보는 계절이 겨울이거나 추운 날씨에 밖에서 보고 있다면 그 생각이 더욱 간절할 것이다.

우리는 이미 푹신한 침대와 보드라운 이불에 대한 경험이 있다. 그 경험은 편안함, 포근함, 따뜻함 등의 '좋은' 메세지로 기억되어 있을 것이다. 기억된 메세지 때문에 사진만으로도, 사진 없이 설명만으로도 대상에 대해 떠올릴 수 있다. 이처럼 경험은 개인에게 기억되고 그 기억은 일상의 많은 곳에서 다시 재생되어 그 힘을 발휘하고 있다.

지극히 주관적으로 기억된 메세지

경험에 의해 현상이 기억될 때 재미있는 것은 제시된 대상에 대해 각자 다른 메세지를 떠올린다는 것이다. 이유는 간단하다. 서로 경험한 바가 다르고 그에 따라 기억되어 있는 메세지가 상이하기 때문이다.

예를 들어 '강아지'라는 단어를 제시했을 때 강아지와 관련된 경험이 개인에 따라 다르기 때문에 서로 같은 메세지를 형성하는 경우는 드물다. 어린 시절부터 강아지와 교감하며 함께 자라온 사람은 귀엽고 사랑스러운 메세지가 떠오르는 반면, 이웃집 강아지에게 물린 경험이 있거나 강아지의 교통사고를 목격한 사람은 부정적인 메세지가 먼저 떠오를 것이다. 다른 예로 아래의 사진을 보라.

누구나 경험해 본 놀이동산이다. 신나고 재미있는 놀이가 많은 이곳도 모두의 기억 속에 즐겁고 행복한 장소로 각인되어 있다고 단정 지을 수는 없다. 누군가는 놀이동산에서 부모님을 잃어버렸던 기억이나 큰 사고를 당할 뻔했던 끔찍한 경험으로 인해 절대 가고 싶지 않은 장소라고 기억하고 있을 수 있기 때문이다.

이처럼 개인의 경험에서 형성된 메세지는 지극히 주관적이기 때문에 대상에 대한 매그넛(MAGNET)은 개인에 따라 다르게 형성된다는 특징이 있다.

다음은 개인이 동일한 대상을 보고 다른 이미지를 형성하는 정도를 분석한 것이다.

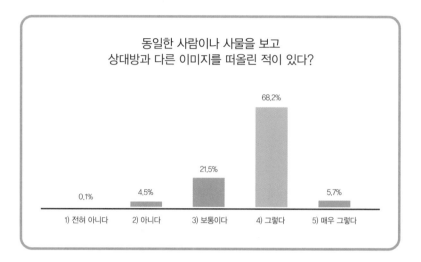

설문조사 결과, 동일한 사람이나 사물을 보고 상대방과 다른 이미지를 떠올린 경험이 있다고 응답한 사람이 68.2%이었고, 매우 그렇다는 답변이 5.7%였다. 반면 그렇지 않다는 답변은 4.5%로 낮게 나타났다.

위의 설문조사를 통해 동일한 대상을 보았을 때 개인이 상이한 이미지를 떠올리는 경험은 주위에서 매우 빈번하게 일어나고 있음을 알 수 있다. 그러므로 상대가 나와 동일한 이미지를 떠올리고 같은 메세지로 기억하고 있을 것이라는 착각에서 벗어나 상대가 떠올리는 것을 있는 그대로 인정하는 태도가 필요하다. 또한, 서로 다르게 떠올리는 것이 당연하다는 것을 이해한다면 인간관계에서 발생할 수 있는 여러 가지 크고 작은 문제를 줄일 수 있을 것이다.

경험 없이 떠올릴 수 없는 현상

살면서 우리가 경험한 것은 머릿속에서 재생되어 일상의 많은 부분에 영향을 준다. 하지만 경험해 보지 못한 것은 명확히 떠올리기가 힘들다.

지금부터 오렌지를 떠올려 보라. 당신이 알고 있는 무수한 형태의 오렌지가 떠오를 것이다. 껍질을 벗기지 않은 둥근 오렌지, 반으로 잘라 단면이 드러난 오렌지, 초승달 모양으로 장식이 되어 있는 오렌지, 갈아서 만든 새콤달콤한 오렌지쥬스까지 당신의 응용력만큼이나 다양한 오렌지를 떠올릴 수 있을 것이다.

그러나 아래에 제시된 사진 중 가장 오른쪽에 있는 하트 모양의 오렌지를 떠올린 사람이 있을까? 아마도 없을 것이다. 그 이유는 실제로 본 적이 없기 때문이다.

우리가 무엇을 하고자 할 때 그 어떤 것도 떠올리지 못한다면 답답하고 두려울 것이다.

경험해 보지 않고서는 그 어떤 것도 쉽게 떠올리지 못한다는 것을 알았다면 이제부터는 많이 경험하고 체험하고 느껴야 한다. 그뿐만 아니라 새로운 시작점에서 자신의 경험을 되돌아본다면 머릿속에 떠오르는 메세지로 인해보다 나은 결과를 마주할 수 있을 것이다.

답답한 게 아니라 모르는 것

"아니~ 마젠타 색깔이 뭐냐면 그 왜 핫핑크랑 비슷한 화려한 색깔 있잖아!"

"핫 핑크는 또 무슨 색인데…. 휴… 정말 어떤 색을 사 오라는 건지 나는 진짜 모르겠어."

"어떻게 너는 몇 번을 설명했는데 알아듣지를 못하니? 아우 답답해서 정말!"

미술전공자인 A 양은 자신이 필요한 물감 색을 아무리 설명해도 모르겠다는 친구 B 양 때문에 답답해 죽을 지경이다. 친구 B 양은 공대생으로 평소 컬러는 접해 본 적도 없는 사람이다. 이 두 사람이 이렇게 답답해하는 이유는 무엇일까?

우리는 여기서 B 양의 말에 주목해야 한다. "모르겠다."라는 B 양의 말이 이 상황을 해결할 수 있는 중요한 열쇠이다. B 양의 말을 통해 알 수 있는 점, 바로 '경험의 유무'이다.

흑백 TV를 모르는 현대의 아이와 인터넷TV가 생소한 어르신들처럼 경험해 본 적이 없는 대상에 대해 머릿속으로 떠올릴 수 없는 것은 당연하다.

이제는 상대의 모른다는 표현에 대해 답답해하지 말고 경험시켜 주자. 당신으로 인해 상대는 대상을 명확하게 기억할 수 있으며 훗날 생생히 떠올릴 수 있을 것이다.

간접적인 경험에 의한 매그넛(MAGNET) 형성

경험을 바탕으로 매그넛(MAGNET)이 형성될 때 놀라운 것은 본인이 직접 경험한 것이 아닌 타인을 통한 간접 경험만으로도 자동적으로 끌림 현상이 일어나게 된다는 것이다. 이는 상대의 경험담이나 평가 등에 의해 직접 경험해 보지 않은 대상에 대해서도 매그넛(MAGNET)이 형성될 수 있다는 것을 의미한다.

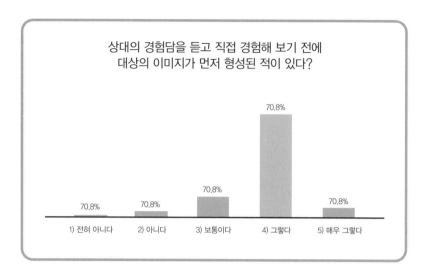

상대의 경험담을 듣고 직접 경험해 보기 전에
대상의 이미지가 먼저 형성된 적이 있다?

70.8%

70.8%   70.8%   70.8%   70.8%

1) 전혀 아니다   2) 아니다   3) 보통이다   4) 그렇다   5) 매우 그렇다

설문조사 결과, 직접 경험해 보지 않고도 대상에 대해 특정한 이미지를 형성하고 있는 사람이 79.3%, 그렇지 않은 사람이 4.3%로 나타났다. 이를 통해 간접 경험만으로도 대상의 이미지가 형성될 수 있다는 것을 알 수 있다.

지인이 사용해 본 후 피부 트러블이 생겼다는 제품을 써 보지도 않고 '안 좋은 제품'이라고 판단하거나 놀이 기구를 타보지도 않고 '무섭다'라고 느끼는 것은 상대의 경험으로 인해 대상에 대한 특정 매그넛(MAGNET)이 형성된 것이다. 이러한 경우는 매우 빈번하게 발생되므로 상대의 경험이 자신의 판단에 영향을 미칠 수 있다는 것을 인지해야 한다. 한 번도 경험해 보지 못한 대상에 대해 조언을 구하는 것도 좋지만 온전한 첫 경험을 기억하고 싶다면 본인이 직접 경험하고 느껴보는 것이 더욱 좋은 방법이 될 수 있다.

자신 있거나 두려워지는 이유?

경험을 통해 형성된 매그넛(MAGNET)은 우리의 일상 속에서 놀라울 만큼의 영향력을 행사한다. 크고 작은 일에서도 그 힘은 밀접하게 작용하며 개인의 행동 방향을 결정하는 중요한 기준이 된다. 실제로 우리는 하루에도 몇 번씩 매그넛의 영향을 받고 있다.

살아가면서 누구나 다양한 과제를 맡게 된다. 아이, 어른 할 것 없이 그 발달 과정에서 겪게 되는 과제들이다. 과제에 직면했을 때 우리는 심리적인 변화를 경험하게 된다. 특히, 새로운 과제의 시작 경계선에서 '자신감'과 '두려움'이라는 두 가지 심리가 발생된다. 이러한 심리가 발생되는 이유는 다양하나 과거의 경험을 통해 형성된 매그넛(MAGNET)이 개인의 심리 변화를 일으키는 데 영향을 미쳤기 때문이다.

과거에 자신이 성공했던 경험과 유사한 과제는 과제해결 방법이나 순서가 떠오르면서 또다시 해낼 수 있을 거라는 자신감을 갖는 것과 동시에 과제에 대한 적극적이고 능동적인 행동을 하게 한다.

반면, 실패했던 경험과 유사한 과제는 실패했을 당시의 경험이 상기되어 두려움을 앞서게 한다. 특히, 부정적인 경험의 강도가 높을수록 개인의 기억 속에 깊이 각인되어 행동의 반경을 좁히거나, 새로운 도전을 기피하거나, 대상에 대한 선입견 형성 등의 부정적인 태도를 갖게 한다.

이처럼 과거의 경험에 의해 형성된 매그넛은 개인의 현재와 미래의 태도, 행동, 삶의 방향 등에 중요한 영향을 미친다. 그뿐만 아니라 자신에게 형성된 이미지는 가족, 친구, 배우자 등 다른 사람의 삶에도 크게 영향을 미친다. 따라서 살아가면서 무엇을, 어떻게 경험할 것인지 늘 고민해야 한다.

아이의 인생을 대신 사는 부모

한국보건사회연구원은 경제협력개발기구(OECD) 가입 국가 30개 중 한국아이들의 삶의 만족도가 최저라고 했다. 이는 이제 방송에서도 쉽게 접할 수 있을 만큼 공공연한 사실이 되었다. 학업 스트레스와 여가활동 부족 등에 의해 비롯된 아이들의 삶의 질 저하는 경험에 의해 형성된 매그넛(MAGNET)이 발생시킨 부정적 영향력 중 하나이다.

이와 같은 현상이 나타나는 것은 과거의 시대를 살아온 부모가 그들의 경험을 바탕으로 현시대를 겪고 있는 아이들의 삶을 대신 설계하고 있는 것에서 그 이유를 찾을 수 있다.

부모가 겪은 시대의 삶을 먼저 살펴보자. 그들은 소위 일류 대학이라고 칭하는 4년제 대학교를 졸업해야 사회적으로 인정받을 수 있는 시대의 삶을 살아왔다. 학벌에 대한 사회적 요구는 높은 반면 대학교를 입학하는 것은 환경적, 경제적으로 어려웠기 때문에 대학교 졸업자에 대한 사회적 대우가 더욱 높았다. 이러한 경험으로 인해 부모는 보다 많이 배워야 사회로부터 인정받고 성공할 수 있다는 매그넛(MAGNET)에 강하게 끌리고 있다.

그러나 현대사회에서 학벌은 개인을 평가하는 하나의 요소일 뿐 절대적인 기준으로 작용하지 않는다. 바람직한 사회생활을 하기 위해서는 학벌 외에도 갖추어야 할 부분이 많다는 것이다.

그럼에도 불구하고 방과 후 사교육 등 학습활동을 하는 아동이 전체의 40.6%, 6~17세 초중고생 중 학원을 이용하는 아동은 68.1%로 절반이 넘는다.* 이 아이들은 자신이 원해서 이렇게 열심히 교육을 받는 것일까? 아이들의 30.2%는 방과 후 집에서 쉬기를 원한다고 했으며 그 수치가 가장 높았다. 다음은 친구들과 놀기(24.5%)였으며 아이들 스스로가 학원이나 과외를 희망하는 비율은 18.3%에 그쳤다.** 그럼에도 불구하고 아이들은 '성공적인 삶을 위해'라는 명목으로 오늘도 자신의 여가 대신 학원을 향하고 있다. 과도한 학업 속에서 아이들은 자신의 현재와 미래를 잃어 가고 있다. 특히, 미래에 대한 이미지를 떠올리지 못하는 아이들의 수치가 증가하고 있어 매우 걱정스럽다.

2014년 한국직업능력개발원이 전국 초중고생 18만여명을 대상으로 실시한 학교 진로교육 실태 조사에서 중고교생 10명 가운데 3명꼴로 희망하는 직업이 없다고 응답했다.*** 아이들이 자신의 꿈과 미래를 그려볼 만한 경험을 얼마나 하고 있을까? "열심히 공부해서 명문대 들어가면 그때부터 제 인생이 좀 달라지지 않겠어요?"라고 얘기하던 한 고등학생의 답변이 생각난다. 현대사회는 공부 일등이 사회 일등을 하는 시대가 아닌데도 하루의 절반 가까이를 학업이라는 경험만 쌓고 있는 아이들이 안타깝다. 학업만으로 삶의 방향이 명확해지는 것은 아닌데 말이다.

---

*한국청소년, 선진국보다 하루 평균 1시간 덜 잔다, 머니투데이, 2015.01.09.
**한국청소년, 선진국보다 하루 평균 1시간 덜 잔다, 머니투데이, 2015.01.09.
***도전정신 잃어가는 대학생들, 전북도민일보, 2015.04.08.

아이들에게 자신의 삶을 그려나갈 수 있도록 다양한 경험을 할 기회도 주지 않고 "넌 커서 뭐가 될래?"라고 묻는 것은 가혹한 일이 아닐 수 없다.

이제는 아이들이 스스로 많은 경험을 하고 그것을 바탕으로 자신의 삶을 그리고 선명하게 떠올릴 수 있도록 조력해야 할 때이다.

더 큰 실수를 피해가는 지혜

실패는 성공의 어머니라고 했던가. 이 말처럼 경험을 통해 형성된 매그넛(MAGNET)의 긍정적인 영향력은 대단하다.

살아가면서 누구나 실수를 한다. 단 한 번의 실수를 하는 사람이 있는가 하면 같은 실수를 여러 번 반복하는 사람도 있다. 중요한 것은 같은 실수를 평생 하지는 않는다는 것이다. 그 이유는 언제가 됐든, 몇 번째가 됐든 '깨닫는 날'이 오기 때문이다.

사람은 스스로 깨달았을 때 변화하는 존재이다. 다른 사람이 나에게 그 어떤 조언과 충고를 한다고 해도 그것은 참고사항일 뿐 나를 온전히 변화시키는 이유라고 하기에는 부족하다.

이 '깨달음'이 있어야 하는 이유는 깨닫는 그 순간, 그때의 감정과 느낌이 강력한 매그넛(MAGNET)이 되기 때문이다. 이렇게 만들어진 매그넛(MAGNET)은 훗날 유사한 상황에서 아주 선명하게 파노라마가 펼쳐지듯이 스스로를 움직일 것이다. 이를 통해 하지 말아야 할 것, 조심해야 할 것, 미루지 말아야 할 것 등 보다 현명한 선택을 하게 해 준다.

즉, 매그넛(MAGNET)은 우리가 잘못된 선택을 피하게 하는 판단의 근거로서 매우 중요한 역할을 하는 것이다.

지금 머릿속으로 한 번 떠올려 보라. '그때 그 일이 없었더라면 지금 더 큰 실수를 감당해야 했겠지?'라고 생각되는 경험이 몇 가지 떠오를 것이다. 재미있는 것은 이런 생각을 앞으로도 반복할 것이라는 점이다. 그 이유는 경험이 우리의 삶에서 지혜로 쌓여가고 있기 때문이다. 과거의 경험을 선명하게 기억하면 할수록 강력한 긍정적 매그넛(MAGNET)으로 인해 당신의 삶을 보다 안정적으로 행복하게 만들 수 있을 것이다.

경험이 만들어 놓은 매그넛(MAGNET)

우리는 타인과 교류를 할 때 자연스럽게 상대에 대한 가치를 기억한다. 이때 자신의 머릿속에 형성되어 있던 과거의 경험이 새로운 대상의 가치 형성에 영향을 미치기 때문에 누군가에게 자신의 가치가 형성되는 입장에서는 자신의 의도와 노력에 상관없이 긍정적으로 또는 부정적으로 형성될 수 있다.

누구나 타인과 관계를 맺을 때 상대에게 호감적인 인상을 형성하기 위해 외적인 요소에 신경 쓰고 말과 행동에 주의하며 매너 있게 행동하려고 노력한다. 하지만 부정적 매그넛(MAGNET)의 힘으로 인해 상대가 정말 싫어했던 과거의 사람과 자신이 닮았다면 그 모든 것은 수포로 돌아갈 수 있다.

반대로 상대가 나에게 신뢰를 얻기 위해 많은 노력을 하지 않았지만 과거 내가 힘든 시절 도움을 줬던 사람이나 믿고 의지했던 사람과 인상이 비슷하다면 긍정적인 매그넷(MAGNET)의 힘으로 인해 보다 쉽게 친밀한 관계로 발전할 가능성이 높다.

이처럼 개인의 경험이 만들어 놓은 매그넷은 한 대상의 가치 형성에 직접적인 영향을 미친다. 개인마다 경험에 따라 형성된 매그넷이 다르기 때문에 상대에게 자신이 원하는 가치로만 기억시키기 힘들다는 것을 먼저 인정해야 한다.

또한, 타인에게 부정적인 매그넷을 형성했을 경우 자신의 가치가 바람직하게 경영되지 않은 부분에 대한 성찰이 필요하며, 특별히 실수한 부분이 없는 경우라도 불편함을 겪고 있다면 상대의 과거 경험과 교감할 필요가 있다. 어떤 이유에서 자신을 부정적으로 인지하게 됐는지를 찾아가다 보면 오해와 왜곡된 가치를 회복하는 데 도움이 될 것이다. 이유 없이 믿는다는 말은 매그넷(MAGNET) 힘을 모를 때의 얘기다.

교감의 시점에서 빛나라!

경험에 의해 형성된 매그넷(MAGNET)은 상대와 교감을 나누는 시점에서 영향력을 발휘한다. 유사한 경험을 가진 사람들 간에는 공감대가 형성되어 더욱더 가깝고 친밀해지는 반면, 서로 다른 경험을 가진 경우 어색함이나 불편함을 느낄 수 있다.

사회생활을 하면서 나와 같은 경험을 한 사람보다 다른 경험을 한 사람과 상대해야 하는 경우가 더욱 빈번한 것은 사실이다. 그렇다고 해서 그들과 매번 불편한 마찰을 일으킬 수는 없다. 따라서 경험의 차이로 인한 매그넛(MAGNET)의 상이함을 인정하고 이를 존중하기 위한 노력이 필요하다.

흔히 '나는 너를 이해할 수가 없어', '네가 하는 생각은 잘못된 거야'라는 말로 인해 타인과의 관계가 소원해지거나 틀어지는 경험을 한 번쯤은 한 적이 있을 것이다. 이러한 상황이 발생하는 이유는 '나는 옳고 너는 틀렸다'는 생각이 상대에게 전해져 불쾌한 감정을 느끼게 했기 때문이다.

우리는 '둘 중 하나가 더 옳은 것'이 아닌 '서로 다른 것'에 초점을 맞추어야 한다. 같은 것에서는 어느 것이 더 좋고 나은 것인지를 평가할 수 있다. 토마토 두 개를 두고 더 싱싱하고 잘 익은 것을 비교하는 것처럼 말이다. 그러나 사람의 경험은 같은 것이 아니기에 비교할 것이 아니라 존중해야 하는 것이다.

서로의 다른 경험에 의해서 형성된 가치를 진심으로 존중한다면 매그넛(MAGNET)을 보다 긍정적으로 활용한 결과라 할 수 있다.

매그넛(MAGNET) 활용 Tip

경험을 바탕으로 형성된 메세지는 주관적이고 서로 상이하며 경험해 보지 못한 것은 떠올리기가 힘들다는 특징이 있다. 이는 타인과의 관계에서 오해나 왜곡을 일으킬 수 있다.

이 현상에 대한 극복 방안은 아주 단순하다. 바로 '간접 경험'에 그 답이 있다. 타인의 경험에 대해 유추해 보고 그 상황을 간접적으로 경험해 보려는 노력을 통해 자신의 경험만으로 상대를 왜곡하는 판단의 오류를 극복할 수 있다.

아래의 활동지에 주어진 상황을 바탕으로 타인의 입장과 경험을 떠올려 보고 느껴지는 감정과 깨달아지는 메세지로 기억해라. 훗날 아래의 상황을 겪게 될 때 지금보다 폭넓게 매그넛(MAGNET)을 활용할 수 있을 것이다.

Step2. 마음의 평수 넓히기

1. 시간 약속에 늦은 당신, 상대가 화내는 이유는?

2. 고속도로 위 3중 추돌, 지금 상대의 심정은?

나의 경험 체크리스트

경험을 통해 형성된 매그넛(MAGNET)이 개인의 일상 속에서 얼마나 빈번하게 영향을 미치는지 다음의 체크리스트를 통해 확인해 볼 수 있다.

문항	내용	체크
1	음식을 떠올린 것만으로 침이 고인 적이 있다.	
2	선호하거나 기피하는 특정 상품이 있다.	
3	먹기 두려운 음식이 있다.	
4	노래를 들으며 눈물이 맺힌 적이 있다.	
5	방을 정리하는 나만의 방식이 있다.	
6	무서워하는 놀이 기구가 있다.	
7	쓰던 제품과 신상품 중 쓰던 제품을 고른다.	
8	혼자 골목길을 걸어가는 것이 두렵다.	
9	알람이 울리지 않아도 그 시각에 깬 적이 있다.	
10	명칭만 듣고 장소를 잘못 찾아간 적이 있다.	
11	유통기한이 지난 식품을 버린 적이 있다.	
12	선호하거나 기피하는 색상이 있다.	
13	나만의 징크스가 있다.	
14	대상에 대한 선입견을 가져본 적이 있다.	
15	다치는 장면을 볼 때 소름이 돋은 적이 있다.	

문항을 체크했다는 것은 지문을 읽는 동안에도 과거의 경험에서 형성되었던 느낌이나 깨달은 메세지가 선택에 영향을 미쳤음을 의미한다. 이것이 매그넛(MAGNET)이 주는 두 번째 힘이다.

다흰이와 함께하는 MAGNET

우리의 생활 속에서 일어나는 매그넛(MAGNET)을 다흰이들과 함께 살펴볼까요?

우리는 과거의 경험에 의해 자동으로 끌려지게 된다는 것, 잊지 마세요!

CHAPTER 03
'단순화의 힘'

Simple Power가 만드는
부의 골든타임

03

.
.
.

Simple Power가 만드는 부의 골든타임

대상을 형성하는 시각적 구성요소는 다양하다.
시각적 구성요소는 통합되어 하나의 메세지로 단순화된다.
통합된 메세지는 2차적 가치를 새롭게 형성한다.

시각적 구성요소의 집합

사람들은 일상 속에서 무수히 많은 대상과 마주한다. 이 대상은 사물, 사람, 집단, 기업, 도시, 지역, 국가 등 아주 작은 것에서 매우 광범위한 영역의 것까지 될 수 있다.

우리가 인지하는 대상이 어떠한 범주의 것이든 모두가 시각적인 요소를 갖고 있다. 시각적 요소는 개인의 인지과정에 지대한 영향을 미치며 나아가 대상의 가치 형성에도 중요한 작용을 한다.

개인은 대상의 각 요소를 분리해서 인지하기보다는 전체적인 하나의 상(像)으로 통합하여 인지하고자 한다. 왜냐하면 각각 분리된 요소보다 종합적으로 합쳐진 요소가 간단하고 쉽게 인지되기 때문이다.

아래의 사진 중 어느 것이 '코알라'로 쉽게 인지되는가?

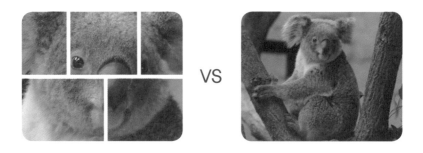

오른쪽 사진을 선택한 사람이 월등히 많을 것이다. 이러한 현상은 사물이나 풍경 등을 인지할 때도 마찬가지이다. 아래에 제시된 사진을 보고 대상을 맞춰보라.

만약 위의 사진을 순차적으로 제시했다고 가정하자. 첫 번째 사진만 봐서는 대상을 파악하기가 힘들 것이다. 두 번째 사진까지 봐도 대상을 맞추기가 쉽지 않을 것이다. 세 번째 사진이 주어졌을 때 먼저 본 두 사진과 합쳐지면서 하나로 종합될 것이다. 당신은 무엇을 떠올렸는가?

위에 제시된 사진은 파인애플의 시각적 구성요소이다. 위 세 가지 요소를 종합하면 다음의 사진이 된다.

당신이 떠올린 형상과 일치하는가? 당신은 분명 파인애플의 한 부분만 제시된 사진을 봤을 때 대상을 정확하게 판단하기 힘들었을 것이다. 이처럼 시각적 구성요소가 통합되었을 때 개인이 대상을 보다 쉽게 인지할 수 있으며 대상에 대한 인지적 판단 오류를 예방할 수 있다.

Simple Power가 주는 통합적 메세지로 인해 판매하는 물건의 가치를 명확하게 전달할 수 있으며, 선택을 받는 시점에서 통합적으로 단순화된 가치가 이끄는 매그넛(MAGET)의 영향력이 발휘될 수 있다.

즉, 어떻게 다듬어서 상대에게 무엇을 강하게 전할 것인가에 대한 고민이 많은 당신이라면, 이제는 단순화시키고 전체를 통합하여 전할 가치를 찾는 것이 선행되어야 하며, 부의 창출은 이것으로부터 시작될 것이다.

'Plus'가 아닌 'New'

 시각적 구성물이 하나로 통합된 대상은 개인의 인지적 편의 외에도 놀라운 힘을 발휘한다. 세분화되어 있던 각각의 요소가 하나로 단순화되면서 각각이 지녔던 의미가 아닌 2차적 의미를 갖게 되며 이를 바탕으로 새로운 메세지를 형성하게 된다. 다음의 사진을 보라.

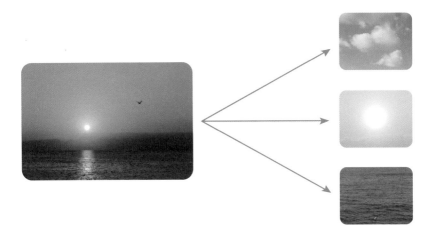

 왼쪽에 제시된 사진은 일출 장면이다. 사진의 시각적 구성물을 살펴보면 태양, 바다, 구름 등이 있다. 태양은 '뜨거운', '밝은'등의 메세지를, 바다는 '시원한', '낭만적인' 등의 메세지를, 구름은 '가벼운', '포근한' 등의 메세지가 내재되어 있다. 그러나 이 세 가지 메세지가 구성물로서 하나로 합쳐졌을 때 '일출'이라는 의미를 갖게 되고, 이는 '희망찬', '새 출발', '멋진' 등의 전혀 새로운 가치를 형성한다.

이처럼 통합된 시각적 구성요소는 각각의 구성물이 가진 메세지가 더해져서 전달되는 것이 아니라 새로운 가치를 형성하여 그것이 상대에게 전달되고 강력한 매그넛(MAGNET)을 만들게 된다.

통합적인 매그넛은 각각의 구성물이 갖는 본래 메세지의 열거가 아닌 새로운 가치가 형성되는 것이며 그 현상을 다음의 사진에서 확인할 수 있을 것이다.

무엇을 느꼈는가?

하늘, 나무, 배, 사람, 산, 바다라는 구성요소가 통합되어 형성된 대상을 봤을 때 '맑은, 싱그러운, 타고 싶은, 부러운, 울창한, 시원한'이라는 부분적인 메세지를 떠올린 사람들도 있을 것이다.

하지만 구성요소가 갖는 다양한 메세지가 하나의 메세지로 단순화되어 '좋다', '가고 싶다' 등의 2차적 가치를 떠올려 자신도 모르게 사진에 끌려버린 사람들이 더욱 많을 것이다. 이런 현상이 바로 매그넛(MAGNET)이다.

손끝만으로 어떻게 그를 기억하겠는가?

개인의 가치를 형성하는 구성물 역시 다양하다. 각각의 구성요소가 통합되어 하나의 메세지가 형성되는 현상은 개인에게서도 매우 빈번하게 일어나고 있다.

사람은 사물보다 가치를 형성하는 구성물로 인지되는 요소의 범위가 넓다. 얼굴, 신체, 패션, 헤어, 표정, 자세 등의 직접적인 시각요소 외에도 행동, 매너, 목소리, 말투, 능력, 지위 등 개인이 인지할 수 있는 전범위가 스스로의 가치를 형성하는 요소가 된다.

다음의 설문조사를 통해 얼마나 많은 사람들이 상대의 이미지로부터 가치를 형성할 때 다양한 요소를 고려하는지 알 수 있다.

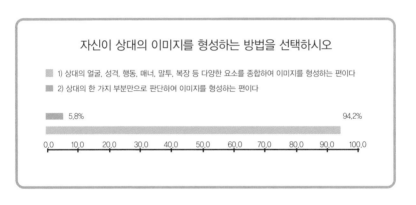

자신이 상대의 이미지를 형성하는 방법을 선택하시오

■ 1) 상대의 얼굴, 성격, 행동, 매너, 말투, 복장 등 다양한 요소를 종합하여 이미지를 형성하는 편이다
■ 2) 상대의 한 가지 부분만으로 판단하여 이미지를 형성하는 편이다

5.8%   94.2%

0.0   10.0   20.0   30.0   40.0   50.0   60.0   70.0   80.0   90.0   100.0

설문조사 결과, 개인의 한 가지 부분만으로 이미지를 형성한다는 응답보다 개인의 다양한 요소를 종합하여 이미지를 형성한다는 응답이 월등히 높게 나타났다.

따라서 개인의 외모나 능력 등 한두 가지 두드러지는 요소로 인해 개인의 가치가 긍정적 또는 부정적으로 형성될 것이라는 착각에서 벗어나야 한다.

시각적 구성물을 합쳐봐!

다음의 활동지는 어릴 때 하던 '얼굴 완성 게임'이다. 얼굴의 각 요소별로 선택할 수 있는 종류가 4가지씩 있다. 막대기를 좌우로 움직이다가 상대가 "그만" 이라고 외쳤을 때 멈춰 선 것이 선택된다. 단, 첫 번째 눈과 마지막 귀는 가장 마음에 드는 것으로 선택하고 시작하라.

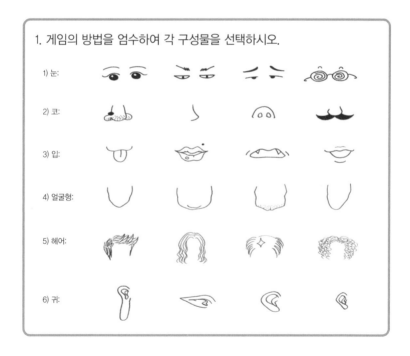

게임 방법에 따라 선택된 각 신체 요소를 아래의 활동지에 통합하여 그려보라.

---

2. 통합한 얼굴을 그리시오.

각 요소를 통합하여 완성된 얼굴의 전체적인 느낌은 어떠한가? 예쁜 눈과 귀가 개별적으로 인지되는가? 이 활동지를 통해 한두 가지 요소만으로 개인의 가치가 통합적으로 형성되는 것이 아님을 확인할 수 있다.

개인을 구성하는 시각적 요소가 하나로 통합되어 형성된 2차적 가치는 상대의 머릿속에 강하게 기억되며 상대의 행동이나 태도에 영향을 미친다. 따라서 타인과 첫 대면을 할 경우에는 상대에게 비춰질 자신의 통합적인 가치에 관심을 가져야 한다.

이제는 자신의 장점만으로 상대에게 긍정적으로 기억될 것이라는 자만과 단점만으로 부정적으로 기억될 것이라는 생각을 내려놓아야 하지 않을까?

그분을 사양하는 이유

"주말에 소개팅은 잘했어?"

"아... 그냥~ 소개팅이 다 똑같지 뭐~""소개받은 남자가 맘에 안 들어?""음... 그게..."

"왜? 그 사람 경제적으로 안정적이라며? 그때 사진 보니까 얼굴도 잘생긴 것 같던데?"

"음... 그렇긴 한데 만나보니까 내가 생각했던 부분이랑 다른 면이 많더라고."

"응? 자세히 말해봐!"

"분명 경제적인 부분이 안정적이고 첫인상도 호감이었지만 매너가 없고 외적으로 좀 깔끔하지 못한 것 같아서 솔직히 전체적으로는 별로였어."

J 양은 얼마 전 지인을 통해 소개팅을 했다. 소개팅 전 지인은 상대에 대해 경제력도 있고 책임감 있는 남성적인 스타일이라고 소개했으며 J 양도 설레는 마음으로 소개팅에 응했다. 그러나 소개팅 자리에서 상대방의 다른 요소들이 J 양의 눈에 들어왔다. 자신을 앞에 두고 큰 소리로 계속 전화를 하는 모습, 음식점 직원을 함부로 대하는 것 등 매너 없는 행동과 지나치게 큰 목소리, 상대를 무안하게 하는 말투, 옷깃의 얼룩 자국 등이 그의 전체적인 가치 형성에 영향을 미친 것이고 부정적인 선택의 결과를 초래한 것이다.

이처럼 다양한 요소가 상대에게 인지되어 개인의 전체적인 가치가 형성되므로 노출되는 다양한 영역에서 통합적인 관리가 필요하다.

구성물을 통합하는 기준은 천차만별

통합적으로 형성된 가치는 대상의 전체적인 특성을 쉽게 전달하여 개인의 인지와 평가에 도움을 준다는 장점이 있다. 그러나 개인의 주관적인 기준에 따라 대상의 구성요소를 통합하기 때문에 대상의 가치가 편향되어 형성될 수 있다.

연인이 여행을 앞두고 숙소를 선택하기 위해 고민 중이다. 남성은 마트와 가까운 위치, 넓은 주차장, 조식 서비스 등의 요소들이 마음에 들어 숙소에 대해 긍정적으로 인식한 반면, 여성은 좁은 화장실, 촌스러운 침구, 벌레가 많은 위치 때문에 숙소에 대해 부정적이다. 숙소가 갖고 있는 요소는 동일했으나 숙소의 가치 형성에 영향을 미친 중심적인 요소는 남녀가 달랐다. 즉, 대상이 갖는 긍정적인 요소와 부정적인 요소 중 어떤 부분을 더 중점적으로 반영하느냐에 따라 대상의 전체적인 가치가 다르게 형성되는 것이다.

뿐만 아니라 자신이 반영한 대상의 요소가 갖는 비중이 대상의 매그넛(MAGNET) 형성에 중요한 역할을 한다. 이렇게 형성된 매그넛은 전체 가치를 전혀 다르게 바꿀 만큼의 영향력을 줄 수도 있다. 이처럼 같은 대상도 개인이 통합한 매그넛 현상으로 인해 가치가 다르게 형성될 수 있다는 것을 반드시 기억하라.

결정하고 나면 후회하는 이유

메세지의 통합은 매우 빠르게 일어난다. 우리가 풍경을 볼 때 산이나 들, 나무, 하늘 등의 각각 요소를 전부 인지하기도 전에 '좋다!'라는 가치가 먼저 형성되듯이 말이다. 이처럼 대상의 가치가 자극이 강한 요소에 현혹되어 형성됐다면 객관적으로 다른 요소를 인지하기란 쉽지 않다.

개인이 다양한 상황에서 결정을 내린 후 후회하는 이유를 여기서 찾을 수 있다. 섣부른 결정을 했다는 것은 대상에게 더 빨리 현혹되었다고 할 수 있다.

우리가 어떠한 제품을 갖고 싶다고 느낄 때는 이미 제품에 현혹된 상태이다. 제품의 구성요소 중 긍정적인 요소를 중점적으로 통합하여 '가장 좋은 제품', '어머, 이건 꼭 사야 해!'라는 매그닛(MAGNET)이 이미 형성되었기 때문에 제품의 단점을 객관적으로 볼 수 없게 된다.

인간관계에서도 마찬가지이다. 외적으로 인지된 부족한 모습으로 인해 편견이 생겨 상대를 부정적으로 생각했다면 상대가 가진 장점이나 다른 진가를 알아보지 못할 수 있다. 세계적인 농구선수 마이크 조든의 또 다른 능력과 장단점을 알지 못하듯이 말이다.

이처럼 대상의 시각적 구성요소를 한쪽으로 치우쳐 통합하여 형성한다면 다양한 특성이 누락된 채 흑백논리와 같은 판단을 내릴 수 있다. 이러한 판단으로 인해 대상의 누락된 구성요소를 추후에 인지하여 후회하는 결과를 초래할 수 있다.

따라서 대상을 바라볼 때 섣부르게 형성된 전체 메세지가 주는 매그닛(MAGNET)으로 인해 대상의 다양한 특성이나 장단점을 간과하지 않도록 노력해야 한다.

명료화 시점에서 빛나라!

통합적으로 형성된 사진이나 영상이 가지는 매그닛(MAGNET)은 명료화 시점에서 영향력을 발휘한다. 대상의 구성물이 무분별하게 나열되어 있을 때 개인의 인지체계는 혼란을 느낀다. 쉬운 예로 퍼즐게임을 떠올려 보라. 퍼즐 칸에 마구 섞여 있을 때는 그것이 나타내는 것이 무엇인지 판단하기 어렵다. 각각의 칸이 맞춰져 전체가 완성되었을 때 비로소 정확하게 대상을 인지할 수 있지 않은가?

이처럼 대상을 명확히 인지하고자 할 때 세분화된 글이나 메세지보다 통합된 사진이나 영상이 도움이 된다.

다음의 설명이 지칭하는 대상을 무엇일까?

---

1. 원이 있어요.

2. 검은 선이 18개 있어요.

3. 사각형 안에 들어있어요.

4. 원이 두 개로 나누어져 있어요.

5. 빨간색과 파란색을 사용해요.

대상의 부분을 나눠서 설명했을 경우 역시 대상을 쉽게 떠올리기 어렵다. 위 문항 중 3번까지만 읽고 정확하게 대상을 맞췄다면 당신의 추리력은 대단하다. 위 설명의 대상은 태극기이다. 옆의 사진처럼 대상의 구성물이 통합되어 제시된다면 사람들은 그 어떤 설명보다, 수많은 구성물의 내용보다 명확하게 대상을 인지할수 있다.

전하고자 하는 내용을 통합한 포스터 하나만으로 충동구매를 한다든지, 넷플릭스에 올라온 함축된 짧은 영상 하나만으로 어떤 내용인지, 어떤 배우가 출연하는지 관계없이 고객의 선택을 받게 되는 현상이 바로 단순화의 힘이 만든 매그넛이다.

전 국민 셀러시대에 스스로 지닌 가치를 단순화시키고 명확히 인지시킬 수 있다면 강력한 매그넛(MAGNET)으로 인해 매 순간이 부의 골든타임이 될 것이다.

매그넛(MAGNET) 극복 Tip

 통합적으로 형성된 매그넛(MAGNET)은 대상의 다양한 요소를 객관적으로 인지하는 데 방해한다. 주관적인 판단으로 섣부르게 통합하여 형성한 대상의 메세지에 의존하여 대상의 다른 요소로 인한 문제를 나중에 발견하는 경우가 있다.

 이러한 문제를 예방하려면 '객관적'으로 대상의 전체를 인지하기 위한 노력이 필요하다. 대상이 갖는 전체적인 가치가 긍정적이거나 부정적이더라도 그 안에 상세한 특성을 분석하려는 습관을 갖는다면 추후에 발생될 문제나 부정적인 상황을 미리 인지할 수 있으며 판단의 오류를 예방할 수 있을 것이다.

 아래의 활동지를 통해 통합적으로 형성된 가치의 상세 요소를 객관적으로 분석하고 구체화시켜 인지할 수 있다.

Step3. 전체 속에 세부 요소 들여다보기

---

1. 대상의 전체 가치

2. 대상의 세부 요소 분석

나의 경험 체크리스트

통합적으로 형성된 매그넛(MAGNET)이 개인의 일상 속에서 얼마나 빈번하게 영향력을 발휘하는지 다음의 체크리스트를 통해 점검해 볼 수 있다.

문항	내용	체크
1	산을 보면 기분이 상쾌하다.	
2	상대의 설명만으로 대상을 떠올리기 힘들다.	
3	바닷속은 무섭다는 생각이 든다.	
4	외모가 준수해도 비호감을 느낀 사람이 있다.	
5	설명보다 예시를 봤을 때 쉽게 이해된다.	
6	전체 사진이 있는 전단지를 더 보게 된다.	
7	능력이 부족해도 매력적인 사람이 있다.	
8	풍경을 볼 때 가슴이 뻥 뚫리는 느낌이 든다.	
9	가을 논을 보면 황금물결이 떠오른다.	
10	키만으로 사람을 평가하지 않는다.	
11	'학교' 하면 쉬고 싶다는 생각이 든다	
12	휴가를 생각하면 가슴이 설렌다.	
13	'영국인' 하면 신사와 매너가 떠오른다.	
14	말투 때문에 상대가 싫어진 적이 있다.	
15	길거리를 보고 도시의 가치를 형성한 적이 있다.	

문항을 체크했다는 것은 대상의 각 구성요소가 갖는 메세지가 아닌 구성요소를 모두 통합하여 형성된 2차적 가치로 형성된 매그넛(MAGNET)이 행동에 영향을 미쳤음을 의미한다.

다흰이와 함께하는 MAGNET

우리의 생활 속에서 일어나는 매그넷(MAGNET)을 다흰이들과 함께 살펴볼까요?

우리는 대상의 각 구성물이 통합되어 새로운 2차적 가치를 형성한 매그넷 (MAGNET)에 끌려 선택하고 구매하고 행동하게 된다는 것, 꼭 기억하세요!

CHAPTER 04
'정보의 힘'

차트를 보듯 확신을 만드는
허와 실

04

-
-
-

차트를 보듯 확신을 만드는 허와 실

모든 대상의 정보를 개인이 완벽하게 인지하기 힘들다.
알 수 없는 부분은 사회적으로 노출된 정보가 대체한다.
채워진 정보가 실체를 대신하여 왜곡된 가치를 형성한다.

사실보다 강한 왜곡

가치는 다양한 정보를 종합하여 명확한 상(像)으로 정리되었을 때 형성된다. 그러나 개인이 모든 대상의 정보를 수집하고 종합하기에는 무리가 있다. 다시 말해 대상의 가치 형성에 영향을 미친 정보 중 많은 부분이 스스로 인지한 것이 아닌 사회적으로 노출된 정보를 반영했다는 것이다.

이 과정에서 대상에 대한 오해가 발생할 수 있으며, 그 결과 왜곡된 가치가 형성될 수 있다. 사회적으로 노출된 정보는 검증된 사실이 아닌 경우도 많기 때문이다.

우리는 대상의 실체와 얼마나 일치하는 가치를 상대에게 전하고 있는가? 어쩌면 아주 작은 사실과 대부분의 외부 정보를 바탕으로 실체와는 전혀 다른 이미지를 형성했을 수도 있다.

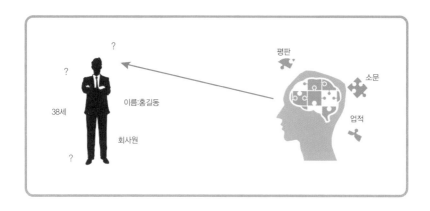

　개인이 대상의 가치를 형성할 때 타인의 보편적인 생각, 객관적인 평가, 통상적인 정보를 반영하는 이유는 대상이나 상황에 대한 불확실성을 줄이고 다양한 정보를 수집하여 보다 명확한 가치를 형성하기 위함이다.

　개인은 대상에 대해 아무런 가치를 떠올릴 수 없을 때 선택이나 결정에 불안감을 느끼게 되는데 이를 해소하기 위해 사회적으로 노출된 정보를 반영한다.

　환절기에 많은 사람들이 피부 트러블을 한 번쯤 경험한다. 평소 사용하던 화장품을 챙겨 발라도 피부가 호전되지 않고 점점 악화되어 다른 제품으로 교체하려 할 때 당신은 어떻게 행동할 것인가?

　수많은 화장품 중 어떤 제품이 피부 트러블 진정에 가장 좋은지 확신하기 어려울 것이며 자신의 피부 상태를 회복하는 데 적합한 제품을 스스로 판단하기도 쉽지 않을 것이다. 이렇게 불확실한 상황에서는 가장 좋은 제품에 대한 이미지를 떠올리기 힘들 뿐만 아니라 선택을 하기도 곤란할 것이다.

이때 사람들은 노출되어 있는 외부 정보를 반영한다. 자신과 유사한 증상을 겪은 사람들이 사용한 제품의 평가, 임상결과, 판매량 등의 정보는 가장 좋은 제품의 가치를 형성하는 데 도움을 주며 이를 바탕으로 보다 안전하고 자신에게 적합한 제품을 판단하여 선택할 수 있게 한다.

이처럼 개인은 모호한 대상의 이미지를 명확하게 하고 자기 판단의 오류를 줄이고자 할 때 사회적으로 노출된 정보를 수집해 반영하고 있다.

그러나 사회적으로 노출된 정보를 무비판적으로 수용했을 경우 대상에 대한 가치 왜곡이 더욱 심화될 수 있다. 이로 인해 대상에 현혹되거나 판단력을 상실할 수도 있으므로 외부의 정보를 수용할 때는 주의가 요구된다. 특히, 사회적으로 노출된 정보가 너무 자극적이거나 정보를 수용하고 있는 집단의 규모가 클수록 대상의 가치가 왜곡될 가능성이 높다.

이렇게 왜곡된 정보나 소문 등이 매그넛(MAGNET)에 미치는 영향력은 굉장하다. 예를 들어 한 식품업체가 유통기한이 지난 재료를 사용한다는 제보가 발생했다고 가정하자. 정부에서는 제보의 진상을 확인하기 위한 조사를 할 것이다. 이때 이와 관련된 정보는 SNS나 온라인 등의 매체를 통해 빠르게 확산되어 대중에게 노출될 것이다. 대중은 노출된 정보에 영향을 받아 해당 업체에 대한 부정적인 매그넛(MAGNET)을 형성할 것이다. 제보 내용이 사실이라고 확정된 것이 아닌데도 말이다.

정보가 정확하지 않더라도 대중에게 노출되어 사회적으로 논란이 된다면 대상의 가치 형성에 부정적 영향을 미칠 수 있다. 여기서 더욱 놀라운 점은 추후 논란이 된 내용이 사실무근으로 밝혀지더라도 이미 왜곡되어 형성된 매그넛(MAGNET)은 쉽게 바뀌지 않는다는 것이다.

이처럼 사회적으로 노출된 정보는 대상의 실체와 관계없이 왜곡된 가치를 형성하게 하는 원인이 될 수 있으며 일상 속에서 외부정보로 인한 가치 왜곡은 매우 빈번하게 일어나고 있음을 간과해서는 안 된다.

그런 여자, 그런 남자

"너 기획부에 양대리 알지?"

"응. 왜?"

"아니~ 나도 들은 얘긴데 영업부에 김 과장님이랑 그렇고 그런 사이라고 하던데?"

"진짜? 김 과장님 애인 있잖아!"

"그러니까! 근데 알고 봤더니 양 대리가 예전부터 애인이 있는 사람만 그렇게 건드리고 다녔대!"

"사람 그렇게 안 봤는데 진짜 대박이다!!!"

양대리는 오늘도 너무 억울한 모함을 받고 있다. 평소 매력적인 외모와 애교 많은 성격 때문에 남성들에게 인기가 많은 편이었으나 어느 순간부터 사실무근의 소문이 따라다니기 시작했다. 심지어 실제로 몇 번 본 적도 없거니와 친분도 없는 김 과장을 유혹한 몹쓸 여자가 되어 있는 것이다. 추후 소문은 거짓으로 밝혀졌지만 이미 당시에 형성된 부정적인 매그넛이 너무 커서 평소에 좋은 사람을 소개해 주겠다던 연락마저 끊겨버렸다. 아직도 '양대리' 하면 '임자 있는 사람 유혹한 여자'라는 인식이 따라다닌다.

우리의 일상 속에서 흔하게 일어나는 광경이다. 사람들은 가끔 진실보다 가십거리에 더 집중할 때가 있다. 확실한 정보가 아닌데도 무분별하게 수용하여 대상을 왜곡시켜 버린다. 왜곡된 인식으로 인해 대상에게 실제로 불이익이 발생하기도 하지만 그 책임을 묻기가 쉽지 않다.

진실이 밝혀진다 하더라도 이미 왜곡된 정보로 대중에게 각인되었기 때문에 그것을 벗어나기가 쉽지 않다. 이처럼 왜곡된 정보로 형성된 매그넛(MAGNET)은 사회적으로 무서운 영향력을 발휘한다.

기왕이면 소문난 잔칫집으로

맛있는 식사를 하고자 할 때 누구나 한 번쯤 '음식을 맛있게 하는 식당' 소위 '맛집'이라는 곳을 찾아서 갔던 경험이 있을 것이다. 소중한 사람과 귀한 시간을 보내려 할 때 당신은 어떤 기준으로 맛집을 선택하는가?

요즘 데이트나 각종 모임에서 먹고 싶은 음식의 종류를 정한 후 의례적으로 하는 일이 있다. 바로 맛집 검색이다. 어떤 곳은 방송에 출연한 적이 있고 또 어떤 곳은 평론가가 꼭 한 번 가봐야 하는 맛집 1순위라고 칼럼까지 써놓았다. 이러한 정보에 사진과 관련 내용까지 종합해서 가장 맛있게 요리를 잘 할 것 같은 한 곳을 선정한다.

이처럼 사람들은 다양한 정보를 반영하고 종합하여 한 번도 가본 적 없는 여러 업체에 대한 가치를 형성한다. 이를 바탕으로 가장 좋은 업체를 구분하며 실제적인 선택을 하게 된다.

여기서 방송 출연 여부, 매체의 소개, 타인의 평가와 후기, 전문가의 소견, 사진과 설명글 등은 업체의 가치 형성에 부족했던 정보를 채우는 역할을 한 것이라 볼 수 있다.

초기 수용자에 의해 노출된 정보는 대상의 가치 형성과 개인의 선택에 중요한 역할을 한다. 제품 구매, 행동 결정, 비즈니스, 관계 형성 등 다양한 부분에서 이러한 현상을 발견할 수 있다.

얼마나 많은 사람들이 대상의 가치를 형성할 때 사회적으로 노출된 외부정보를 반영하고 있을까? 다음의 설문조사를 통해 그 비율을 가늠할 수 있다.

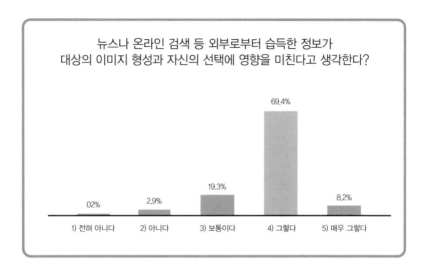

설문조사 결과, 외부로부터 습득한 정보가 대상의 이미지 형성과 자신의 선택에 영향을 미친다는 응답이 69.4%, 매우 그렇다는 응답은 8.2%로 나타났다. 이에 반해 외부의 정보에 영향을 받지 않는다는 답변은 3.1%로 상대적으로 매우 낮았다.

이를 통해 많은 사람들이 외부의 정보를 반영하여 대상의 이미지를 형성한다는 것을 알 수 있다. 그뿐만 아니라 외부로부터 반영된 정보는 개인의 선택을 결정짓는데도 영향을 미친다는 것을 알 수 있다.

사회적으로 노출된 정보는 대상의 가치를 형성할 때 불확실한 부분을 채울 수 있는 보조 자료가 된다. 그것이 사실이 아닌 왜곡된 정보라 하더라도 관계가 없으며 노출된 정보만으로도 개인은 대상의 가치를 형성할 수 있다. 생각보다 많은 사람들이 대상의 가치를 형성하는데 외부의 정보를 활용한다는 점을 미루어 볼 때 자신이 사회적으로 노출시키는 정보로 인해 형성되는 매그넛(MAGNET)이 매우 중요하다는 것을 알 수 있다. 그러므로 스스로가 사회에 노출시킬 정보에 대해 신중히 검토해야 한다.

의문과 왜곡은 비례관계

대상의 가치를 형성할 때 유의해야 할 점은 대상에 대한 정보가 부족하고 의문이 많을수록 사람들은 외부 정보에 더 의존한다는 것이다. 즉, 자신이 잘 모르는 대상일수록, 알려진 바가 적을수록 왜곡된 매그넛(MAGNET)을 형성할 확률이 높다.

자신이 충분히 알고 있는 대상에 대해서는 외부정보를 무조건적으로 받아들이는 일이 드물다. 왜곡된 정보에 이의를 제기하거나 타인이 오해하고 있는 부분에 대해 반론하기도 한다. 자신이 대상에 대해 명확하게 알기 때문에 무분별한 외부정보 중 왜곡된 부분을 걸러내어 판단할 수 있는 것이다. 하지만 대상에 대해 알고 있는 정보가 현저히 부족하다면 외부 정보 중 사실과 왜곡을 구분할 수 있는 기준이 모호해진다. 이 때문에 노출된 외부정보를 더욱 쉽게, 많이 받아들이게 된다. 예를 들어 여성이 화장품을 구매할 때는 지금까지 써 온 제품에 대한 약간의 외부정보가 더해진 매그넛(MAGNET)에 의해 보다 쉽게 제품을 선택할 수 있다. 그러나 전자기기를 구매할 때는 좋은 제품에 대한 명확한 정보가 없기 때문에 더 많은 외부정보를 필요로 한다. 남성이 자동차보다 주방제품 구매를 할 때 더 많은 정보를 검색하는 것도 같은 이유이다.

이처럼 잘 알지 못하는 대상은 스스로의 판단만으로 명확한 선택을 하기 힘들기 때문에 사회적으로 노출된 정보가 발휘하는 매그넛(MAGNET)의 영향력이 크다. 뿐만 아니라 대상의 정보가 모호할수록 외부정보의 수용 범위가 넓으므로 대상의 왜곡된 정보에 의해 형성된 매그넛(MAGNET)으로 크고 작은 손실이 생길 우려가 있다.

왜곡의 정도 확인

아래에 제시된 두 국기를 보고 떠오르는 나라에 대해 글, 그림 등을 사용하여 자유롭게 표현해 보라. 어느 쪽을 더 사실과 가깝게 표현하였는가?

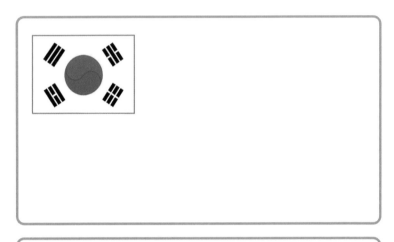

당신은 두 나라 중 자신이 잘 모르는 나라에 대해 표현한 내용이 사실과 다르게 왜곡되어 있다는 것을 발견할 수 있을 것이다.

얼마나, 어떻게 받아들일 것인가?

　대상을 인식할 때 모두가 같은 양의 외부 정보를 수용하는 것은 아니다. 소문이 아닌 사실이라 할지라도 그것을 판단과 평가에 반영하는 정도는 개인마다 다르다.

　벌써 11년이 지난 2011년, 아직도 잊을 수 없는 큰 사건이 발생했었다. 바로 일본 대지진으로 인한 쓰나미와 대규모 재해이다. 재앙이라 할 만큼 참혹했던 이 사건은 원전 폭발로 인한 방사능 유출이라는 더 큰 후폭풍을 가져왔다.

　이후 일본의 경제시장은 침체되었다. 방사능 피폭에 대한 두려움과 각종 언론 보도로 인해 일본산 식품 수입을 꺼리게 되었고 암묵적 여행 위험국가가 되면서 관광사업에도 영향을 주었다.

　일본에 대해 노출되어 있는 이 부정적인 정보가 개인의 판단에 어떠한 영향을 미치는지 아래의 설문조사를 통해 알 수 있다.

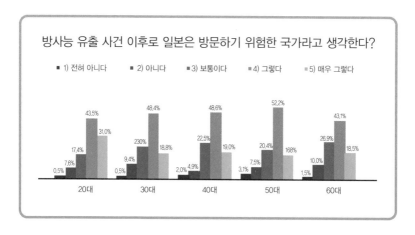

　일본 방문에 대해 대부분 '위험하다'라고 인식하고 있지만 각 집단에 따라 그 정도는 다르게 나타났다. 이를 통해 사회적으로 노출된 정보가 대상의 인식에 똑같은 영향력을 행사하지 않는 것을 확인할 수 있다.

영향력 있는 자가 노출한 정보의 힘

사회적으로 노출된 정보는 대상을 인식할 때에 영향을 주어 그 대상을 왜곡시키기도 한다. 이때 정보를 노출시키는 자가 사회적으로 영향력이 있는 사람이라면 영향력이 약한 대상이 왜곡될 수 있다.

정보를 노출시키는 사람이 어떠한 위치에서 무슨 일을 하는 사람인지에 따라 '거짓도 진실로 믿게 하는 매그넛(MAGNET)'을 발휘할 수 있다는 것이다.

사회적으로 강한 영향력을 가진 사람이 노출시킨 정보일수록 대중은 정보의 진위 여부와 상관없이 쉽게 받아들이며 이 정보는 대상의 가치 형성에 많은 부분을 차지하게 된다.

파워블로거가 작성한 제품의 사용 후기가 일반 블러거의 후기보다 막대한 영향력을 갖는 것이 한 예라고 할 수 있다. 특히, 방문자 수가 많고 인지도가 높은 파워블로거라면 그 영향력은 더욱 크다.

대중은 '유명한 블로거가 직접 써 보고 극찬한 제품'이라는 정보만으로 이미 머릿속에 '좋은 제품'이라는 가치가 형성된다. 한 번도 써본 적 없고 제품에 대한 객관적인 정보가 부족하다 할지라도 영향력 있는 사람이 노출시킨 정보라는 것만으로 강력한 매그넛(MAGNET)이 발현되고, 그 대상의 가치를 형성하기에 충분한 것이다. 이러한 과정에서 별 볼일 없는 것도 매우 수려하게, 대단한 것도 하찮게 왜곡될 수 있다.

이처럼 사회적으로 영향력이 있는 자가 노출시킨 정보에 의한 매그넛(MAGNET) 때문에 대상이 왜곡되는 현상은 주위에서 쉽게 볼 수 있다. 오늘도 뉴스 앵커가 말하는 정보를 한치의 의심도 없이 받아들인 후 거론된 대상을 평가하고 판단하고 기억하고 있지 않은가.

노출된 정보가 이슈화되어 형성된 매그넛(MAGNET)의 힘

사회적으로 노출된 정보가 매우 긍정적인 매그넛을 형성하여 대중에게 전해졌을 때 그들을 쉽게 동요시킬 수 있으며 경제적으로도 큰 이윤을 창출할 수 있다.

2014년도를 뜨겁게 열광시킨 이슈 중 하나, 바로 "허니버터칩"이다. 대중이 만들어 놓은 '정말 맛있는 과자', '한 번도 먹어본 적 없는 감자 칩'이라는 매그넛(MAGNET) 때문에 이 과자는 제대로 품귀현상을 누렸다.

허니버터칩의 소비자가격은 1,500원이지만 슈퍼나 마트 어디에서도 구할 수 없자 온라인에서는 그 가격이 10,000원 이상 껑충 뛰었다. 소비자 가격의 3~7배 이상의 금액을 지불해야 함에도 불구하고 이 과자는 활발히 거래되었다.

실제로 맛본 사람들의 반응은 '맛있다'와 '이렇게 난리가 날 만큼은 아닌 것 같다'로 나뉘었지만 이제 이들의 평가는 중요하지 않다. 노출된 정보가 형성한 허니버터칩의 가치는 대중에게 이미 '초긍정 매그넛(MAGNET)'이 되어버렸기 때문이다. 이처럼 사회적으로 노출된 정보에 의해 형성된 특정 대상의 가치가 이슈화될 때 불러일으키는 매그넛(MAGNET)의 파장은 대단하다.

자료 온라인 판매 중인 허니버터칩 120g 한 봉지의 가격[사진=11번가 제공]

의도를 가진 외부의 정보

개인이 외부정보에 영향을 받아 대상의 가치를 형성한다는 점을 이용하여 대상의 긍정적인 매그넛(MAGNET) 형성을 꾀할 수 있다. 사람들은 대상이 지닌 가치가 매우 긍정적일 때 자신도 쉽게 긍정적으로 인식하는 경향이 있다. 현대사회에서는 이러한 자동끌림의 힘을 인지하여 기사, 언론 보도, 광고, 카피라이터 등을 통해 대상에 영향을 미치는 정보를 긍정적으로 노출시키고 이것이 통상적인 정보가 될 수 있도록 노력하고 있다.

노출된 정보에 의해 가치가 형성되는 대표적인 직업이 연예인이다. 연예인 기획사에서는 신인 연예인을 긍정적으로 각인시키기 위해 대중이 인지할 외부 정보를 최대한 가치 있는 내용으로 노출시키려고 노력한다. 신인 가수나 배우가 대중의 관심을 얻었을 때 그와 관련된 긍정적인 기사가 쏟아지는 것을 온라인에서 쉽게 볼 수 있으며 이로 인해 순식간에 스타덤에 오르는 연예인도 있다.

제품도 이처럼 정보 노출을 활용하는 경우가 많다. 제품 출시 전 잡지, 온라인 기사 등의 매체에 먼저 긍정적인 정보를 노출시킨다. 그뿐만 아니라 체험단을 선정하여 사용 후기 이벤트를 진행한다. 체험단은 각자의 블로그에 후기를 작성할 것이고, 대중은 온라인에 노출되어 있는 블로그와 기사 등의 정보가 주는 매그넛(MAGNET) 영향을 받아 제품에 대해 판단하고 선택할 것이다.

이처럼 긍정적인 매그넛 형성을 위해 개인이 수용하게 될 정보를 구상하여 의도적으로 노출시킬 수 있다. 또한, 이렇게 의도된 정보는 대상에 대한 개인의 가치 형성에 반영되어 그 영향력을 발휘할 것이다.

혼란의 시점에서 빛나라!

사회적으로 노출된 정보에 의해 형성된 이미지는 혼란의 시점에서 영향력을 발휘한다. 대상의 일부분만 공개되거나 불확실하거나 누락된 정보로 인해 대상에 대한 정확한 정보를 갖지 못할 때 이미지 왜곡이 더욱 빈번하게 발생한다. 이때 사회적으로 노출된 정보는 대상에 대한 의문을 해결하고 명확한 이미지를 형성할 수 있도록 도와준다.

노출된 정보는 대상의 모호했던 이미지를 선명하게 하여 머릿속에 기억시키는 데 일조하기 때문에 개인에게 긍정적으로 작용한다. 그뿐만 아니라 개인이 자신에게 필요한 만큼의 정보를 수용하여 부족한 부분을 채움으로써 혼란스러움을 해소시키고 통합된 이미지를 형성할 수 있다.

그러나 맹목적인 주장, 의도된 정보 등을 무조건적으로 수용하는 것은 대상의 실체와 전혀 다른 이미지를 형성하게 하는 원인이 될 수 있다. 또한, 사실보다 이슈에 초점을 맞춰 언론에서 보도되고 수많은 정보가 뿌려지는 것은 사회적으로 더 큰 문제를 야기할 수 있다.

왜곡된 이미지로 인한 주위의 시선, 선입견, 비난 등은 한 대상을 인생의 끝으로 내몰 수 있으며, 이는 특정 직업이나 집단에 속해있는 자가 아닌 우리 주위에서도 심심찮게 일어날 수 있는 일이란 것을 기억해야 한다. 왜곡된 이미지가 대상에게 갖는 영향력은 우리가 쉬이여기는 것보다 크다. 따라서 사회적으로 노출된 정보를 적절하게 반영하여 대상의 가치를 진술하게 형성하기 위한 노력이 필요하며 이를 통해 실체와 전혀 다른 왜곡된 가치가 형성되는 것을 감소시킬 수 있을 것이다.

이렇듯 정보가 주는 힘은 엄청난 파워를 지니고 있다. 정보가 힘이고 돈이며, 결정하는 단서가 되는 현시대에 진실한 정보를 구분할 수 있는 안목을 갖추고 가치 있는 정보를 잘 활용한다면 자연스럽게 매그넛(MAGNET)을 경험하게 될 것이다.

매그넛(MAGNET) 극복 Tip

사회적으로 노출된 정보를 반영하여 형성한 가치는 대상의 정보가 왜곡되거나 재해석되어 실체와 전혀 다를 수 있다.

이러한 현상을 극복하기 위해서는 '비판적인 시각'을 가져야 한다. 우리는 대상을 왜곡시킬 수 있고, 누군가에 의해 왜곡될 수도 있기 때문에 외부의 정보를 객관적으로 받아들일 수 있는 비판적인 시각을 갖는 것이 매우 중요하다.

아래의 활동지를 통해 사실을 직시해 보자. 거짓된 정보를 바탕으로 대상을 왜곡하여 가치를 형성하는 것은 사실 앞에서 얼마나 무의미한지를 느낄 수 있을 것이다.

Step4. 사실과 거짓 구분하기

1. 실제로 열애 중이거나 결혼한 연예인은?

2. 사실무근의 스캔들이 난 연예인은?

3. 생각해 봅시다. 어느 쪽이 훨씬 많을까요?

나의 경험 체크리스트

사회적으로 노출된 정보에 영향을 받아 형성된 매그넛(MAGNET)이 개인의 일상 속에서 얼마나 빈번하게 영향을 미치는지 다음의 체크리스트를 통해 점검해 볼 수 있다.

문항	내용	체크
1	코로나19 이후 세계 여행이 꺼려진다.	
2	화장품 구매 시 추천상품을 먼저 보게 된다.	
3	어린이집에 아동을 맡기기가 두렵다.	
4	이슈가 된 제품을 사보고 싶다.	
5	'귤' 하면 제주도, '소고기' 하면 횡성이 생각난다.	
6	외부의 정보로 인해 결정을 변경한 적이 있다.	
7	공대생은 컴퓨터를 잘 할 것이라고 생각한다.	
8	논란에 휩싸였던 제품은 구매하지 않는 편이다.	
9	식당 선택 전 사전 정보를 검색한다.	
10	베스트셀러는 왠지 더 흥미롭다.	
11	브랜드 제품은 거품이 많다고 생각한다.	
12	비 오는 날 회를 먹기가 꺼려진다.	
13	임신한 사람은 동물을 키우지 않아야 한다.	
14	마른 모델은 거식증이 있을 것이라 생각한다.	
15	여자아이는 분홍색 옷을 입는 것이 좋다.	

문항을 체크했다는 것은 대상에 대해 사회적으로 노출된 정보를 반영하여 대상의 가치를 형성하고, 그 가치가 지닌 매그넛(MAGNET)에 의해 선택하고 행동하고 있다는 것을 의미한다.

다흰이와 함께하는 MAGNET

우리의 생활 속에서 일어나는 매그넛(MAGNET)을 다흰이들과 함께 살펴볼까요?

대부분의 사람들은 사회적으로 노출된 정보를 반영하여 대상의 가치를 형성하고, 그 가치의 매그넛(MAGNET)으로 인해 선택하고 행동한다는 것, 잊지 마세요!

CHAPTER 05
'전략의 힘'

크리에이터처럼 각인시켜라!

05

· · ·

크리에이터처럼 각인시켜라!

매그넛은 개인의 선택에 영향을 미친다.
개인은 최상의 가치를 가진 대상을 선택하려 한다.
강력한 매그넛을 형성하기 위해서는 전략이 필요하다.

인식의 최적화를 위한 전략

매그넛(MAGNET)은 대상에 대한 개인의 판단과 선택에 영향을 미친다. 사람들은 다양한 대상을 비교할 수 있는 능력이 있으며, 그중 한 대상을 선택해야 할 때 가장 최상의 가치를 가진 대상을 선택하려고 한다. 그 이유는 대상에 대한 신뢰와 직접적인 관련이 있다. 긍정적인 가치가 있다는 것은 '가장 믿을 만하다'라는 인상을 주기 때문이다.

재미있는 점은 누구나 대상을 선택하는 사람이 될 수 있고 반대로 선택받는 대상이 될 수 있다는 것이다. 개인은 미팅, 면접, 선거 등의 상황에서, 기업은 제품 출시, 브랜드 형성, 수상 등의 상황에서, 지역은 지원, 확장, 투자 등의 상황에서, 국가는 통계적으로 나열되는 각종 국가 순위 등에서 선택의 대상이 된다.

따라서 이렇게 다양한 상황에서 선택받기 위해서는 전략적인 매그넛(MAGNET) 형성이 필요하다.

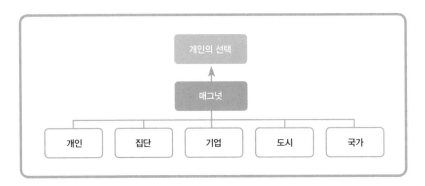

매그넛(MAGNET)을 전략적으로 구축하는 것은 개인에게 매우 중요한 일이다. 현대인들은 자신의 삶의 가치를 설정하고 더 나은 사람이 되고자 노력하고 있지만, 개인의 이상적인 가치보다 상대가 원하는 가치를 더 중요하게 고려해야 하는 상황이 존재한다. 이와 같은 상황에서 '매그넛 전략'이 필요하다. 특히, 개인이 상대의 평가와 선택의 대상이 될 때는 매그넛 전략이 매우 중요하게 작용한다. 이때 개인의 가치 형성 요소가 전략적으로 잘 갖추어져 있다면 상대의 긍정적인 평가를 받게 되며 이는 곧 선택으로 이어진다. 상대가 선호하는 가치가 분명한 상황에서 자신의 이상적 가치만을 추구한다면 상대의 선택을 받지 못할 수도 있다. 왜냐하면 자신의 이상적 가치와 상대의 선호 가치가 일치하지 않을 수 있기 때문이다.

따라서 상대의 선택을 받기 위해서는 상대가 선호하는 가치의 특징을 명확히 분석하고 전략을 수립하여 그에 상응하는 가치를 갖춰 자동적으로 끌어당기는 매그넛(MEGNET) 현상을 위해 노력하는 것이 바람직하다.

따라서 상대의 선택을 받기 위해서는 상대가 선호하는 가치의 특징을 명확히 분석하고 전략을 수립하여 그에 상응하는 가치를 갖춰 자동적으로 끌어당기는 매그넛(MEGNET)을 형성시키기 위해 노력하는 것이 바람직하다.

개인이 상대의 선택을 받아야 하는 대표적인 상황이 바로 면접이다. 면접에 합격하기 위해서는 면접관이 추구하는 인재의 가치 즉, 인재상을 먼저 분석하고 그에 적합한 매그넛(MEGNET)을 구축하기 위한 전략을 수립해야 한다. 다음을 통해 자동 끌림을 위한 전략을 수립할 수 있을 것이다.

• 지원기업 및 분야 : _____

• 기업이 추구하는 인재상 : _____

• 매그넛(MAGNET) 형성 전략 : _____

_____

성공적인 면접을 위한 매그넛(MEGNET) 전략을 수립했다면 다음의 제시된 보기 중 면접에 응하기 위해 적합한 것을 선택할 수 있을 것이다.

메이크업선택

의상선택

구두선택

개인이 노출될 상황을 분석하여 그에 적합한 매그넛(MEGNET) 전략을 수립했을 때 상대에게 성공적으로 자신의 가치를 전할 수 있다. 그뿐만 아니라 자신에 대한 상대의 평가에 긍정적인 영향을 미칠 수 있다.

다음을 통해 때와 장소, 상황에 적합한 매그넛(MEGNET) 전략을 수립하고 상대의 선택을 받기 위한 가치 형성 훈련을 할 수 있을 것이다.

- 소개팅 일자(계절):
- 소개팅 장소 :
- 소개팅 대상 :
- 매그넛(MAGNET) 형성 전략 :

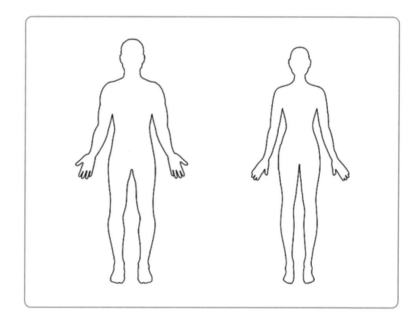

누군가에게 진정으로 선택받고자 한다면 그만큼의 준비와 노력이 필요하다는 것을 기억하고 실천하라. 그 노력이 상대에게 긍정적인 가치를 형성하게 해줄 것이며 당신은 많은 곳에서, 많은 이들에게 선택받을 것이다.

크리에이터처럼 최적화된 가치를 각인시켜라!

매그넛(MEGNET) 전략은 다양한 분야에서 일어나고 있다. 특히, 유튜브, 아프리카 TV 등 크리에이터 산업 분야에서 전략적으로 대상의 가치를 구축하는 사례를 빈번하게 볼 수 있다.

제품에 대한 소비자의 선택은 기업 이윤과 직결되기 때문에 기업은 보다 많은 소비자의 선택을 받기 위한 전략을 세우고 있다.

그 전략의 한 방법으로 제품의 형태, 디자인, 색상, 문구 등의 가치 형성 요소를 적절하게 구성한 것을 볼 수 있다. 먼저, 다음의 세 제품의 구성요소를 분석해 보라.

자료제공 아이오페

이 제품들은 같은 업체에서 만든 화장품이다. 모두 얼굴에 사용하는 화장품인데 왜 굳이 비용을 더 들여가며 용기를 다르게 제작했을까?

그 이유는 소비자에게 제품의 가치를 가장 최상으로 전하기 위해서이다. 각 제품을 사용할 대상의 연령, 성별, 제품이 갖는 기능성 등을 고려하여 그에 가장 적합한 가치를 구축하고자 제품별로 변화를 주었다. 위 제품들은 크림이라는 동일한 특성을 갖고 있지만 각각의 특징에 따라 전달하고자 하는 제품이 지닌 가치를 다르게 하였다.

왼쪽의 화이트닝 크림은 용기와 내용물을 모두 흰색으로 하고 광택이 있는 실버 색상을 사용하여 미백 기능을 강조하였다. 가운데 영양 크림은 짙은 노란색 용기에 내용물도 노란빛을 띠도록 제조했으며 뚜껑에 금색을 사용하여 영양기능성을 부각시켰다. 오른쪽의 수분크림은 맑은 파란색 용기에 은은한 실버 색상을 사용하여 시원하고 촉촉한 느낌을 강조하였다.

이처럼 전략적으로 각 제품의 기능성을 부각시킨 제품은 구매하려는 소비자에게 긍정적인 가치로 기억되어 강력한 매그넛(MEGNET)을 만든다. 수많은 제품 사이에서 제품이 지닌 가치와 최적화된 연출이 통합적으로 고객에게 전달될수록 긍정적 매그넛에 의해 많은 소비자의 선택을 받을 수 있다.

다음의 설문조사를 통해 제품의 이미지가 개인의 구매행동에 미치는 영향의 정도를 알 수 있다.

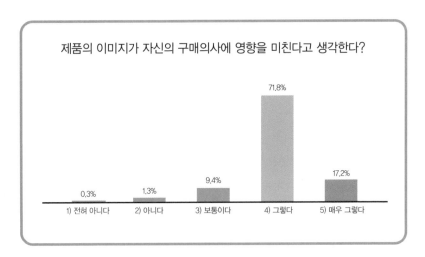

제품의 이미지가 자신의 구매의사에 영향을 미친다고 생각한다?

71.8%

17.2%

9.4%

1.3%

0.3%

1) 전혀 아니다   2) 아니다   3) 보통이다   4) 그렇다   5) 매우 그렇다

설문조사 결과, 제품의 이미지가 구매 결정에 영향을 미친다는 응답이 89%였다. 그중 매우 그렇다는 응답이 17.2%였으며, 그렇지 않다는 응답은 1.6%였다. 이처럼 제품 이미지는 개인의 구매행동에 영향을 미치는 것을 확인할 수 있다.

사람들은 소비를 할 때 유사제품 중 가장 좋은 제품을 선택하려는 욕구가 있는데 그 판단에 매우 중요하게 작용하는 것이 바로 '포장'이다. 제품이 갖는 기능성, 용도가 소비자의 선택에 매우 중요한 영향을 미치던 시대가 있었다. 그러나 현대에는 제품의 기능성이 상향 표준화되면서 제품의 포장은 미적감각 이상의 고부가가치를 창출하고 있다.

포장에 따라 형성된 매그넛(MEGNET)을 통한 전략적인 가치 형성이 성공적으로 이루어졌을 때 제품은 시장에서 강력한 경쟁력을 갖게 되며 최상의 가치로 인지된 제품일수록 많은 사람의 선택을 받을 수 있다.

현대사회에서 경쟁력을 갖춰 상대의 선택을 받기 위해서는 대상의 특징과 장점을 부각시킬 수 있는 전략적인 매그넛(MEGNET) 구축의 중요성을 인지하고 이를 선행해야 한다.

다음을 통해 소비자들의 선택을 받을 수 있는 포장을 연출해보면서 그 중요성을 더욱 인식하게 될 것이다.

• 유기농 재료를 강조한 아동 간식 포장

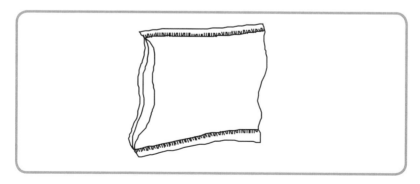

분석이 잘못된다면?

"이번 계약은 없던 일로 합시다." "네? 아니... 어째서..."

"우리 기업이 추구하는 방향과 전혀 맞지 않네요. 이번 우리 광고에서는 단아하고 깨끗한 느낌의 여성 모델이 필요합니다."

"아... 그렇군요... 알겠습니다."

S 기획사의 소속 연예인인 K 양의 광고 계약이 물거품이 되었다. 이유는 광고주가 생각한 모델에 K 양이 적합하지 않다는 것이었다. S 기획사는 이번 H 음료회사에서 신제품 광고 모델을 찾고 있다는 소식을 듣고 바로 K 양을 떠올렸다. 평소 H 음료회사에서 그동안 만든 광고는 젊은 에너지를 갖고 있고 모델들이 섹시했기 때문에 K 양이 적격이라고 판단했다. S 기획사는 K 양의 섹시미와 건강미를 더욱 부각시킬 수 있게 연출하여 H 음료회사 측과 미팅을 가졌다.

그러나 이번 광고에서 H 음료회사가 단아하고 깨끗한 느낌의 모델을 찾고 있었다. 기존의 H 음료회사의 광고만 분석하여 K 양의 가치를 전하기 위한 전략을 세웠기 때문에 계약을 성사시키기 못한 것이다.

이처럼 상대가 추구하는 바에 대한 분석이 잘못될 경우 성공적인 매그넛(MEGNET) 전략을 수립할 수 없다. 따라서 대상이 노출될 상황, 대상을 평가하는 상대, 상대가 요구하는 가치 등에 대해 정확하게 분석해야 한다. 이를 바탕으로 매그넛 전략을 수립하여 형성한 가치가 상대에게 전해진다면 긍정적인 결과를 기대할 수 있을 것이다.

조작된 이미지에 대한 배신감

사람들은 자신이 이상적으로 기대하는 대상을 봤을 때 설레고 기뻐한다. 사물일 경우 지체 없이 구매하고, 사람일 경우 지속적인 관계를 이어나가려고 노력한다.

하지만 자신이 선택한 대상의 가치가 실체와는 다른 경우도 많다. 예를 들면 광고를 믿고 제품을 구매했지만 실제로는 그 효과가 거의 없는 경우, 우리 회사의 인재상에 맞아서 채용했는데 실무에서 전혀 다른 모습을 보이는 경우 등이 있다.

이때 우리는 믿었던 대상이 지닌 가치에 대한 배신감을 느낀다. 실제로 극적인 효과가 있는 것도 아닌데 대단한 제품인 척, 원래 그런 성향이 아니면서 회사의 인재상과 동일한 척하는 모습에 대해 화가 나면서 자신의 선택에 대한 억울한 감정이 밀려온다. 이후 자신의 판단에 착오를 불러일으킨 조작된 가치에 대해 부정적인 감정이 발생하면서 거짓된 가치를 형성한 대상을 평가절하하기도 한다.

이처럼 전략적으로 형성한 가치와 자신의 실제 가치가 다를 경우 상대에게 인위적으로 조작했다는 인식을 심어 줄 수 있다. 상대는 대상의 만들어진 가치를 거짓된 모습이라고 판단하고 자신을 속였다는 결론을 내리게 된다. 이 과정에서 부정적 매그넛(MEGNET)으로 인해 상대와의 신뢰를 회복하기 어렵게 될 수 있다. 따라서 전략적으로 매그넛을 형성할 때에는 상대가 선호하는 가치를 참고하되 자신의 가치를 반드시 고려해야 한다. 그리고 대상의 실체와 전하고자 하는 가치가 이질적으로 느껴지지 않는 선에서 전략적으로 매그넛(MEGNET)을 형성하는 것이 바람직하다.

다음의 설문조사를 통해 전략적으로 연출된 대상의 이미지와 실체의 상이함이 상대에게 주는 실망감의 정도를 알 수 있다.

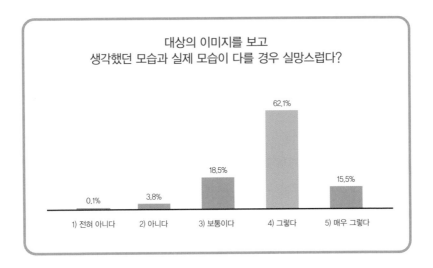

설문조사 결과, 대상의 이미지를 통해 기대했던 모습과 실체가 달랐을 때 매우 실망스럽다는 응답이 15.5%, 실망스럽다는 응답이 62.1%로 나타났다. 대상의 이미지와 실체가 달랐을 때 실망을 느낀다는 사람이 전체의 77.6%나 된다는 말이다. 응답 결과를 통해 알 수 있듯이 많은 사람들이 연출된 모습과 실체가 달랐을 때 실망감을 느낀다. 즉, 자신의 실제 모습이 상대가 기대한 가치와 상이할 경우 더 큰 실망감을 줄 수도 있다는 것이다.

현대사회에서 상대의 선택을 받기 위해서는 때와 장소, 상황, 사람 등에 적합한 매그넷(MEGNET)을 전략적으로 구축하는 것이 필요하다. 그러나 상대의 평가만 고려하여 대상의 실체와 다른 거짓의 가치를 형성했다면 그것의 실체가 드러나는 순간 돌이킬 수 없을 만큼 신뢰가 무너질 수 있다는 것을 기억해야 한다.

선택의 시점에서 빛나라!

요즘 초중고생들의 직업선호도 5위 안에 드는 직업이 바로 크리에이터이다. 크리에이터는 누구나 할 수 있는 직업이지만 대중에게 선택받지 못한 크리에이터는 성공했다고 말할 수 없다.

전략적으로 형성된 매그넷(MEGNET)은 선택을 받는 시점에서 그 영향력을 발휘한다. 구독과 좋아요 수가 곧 경제가치가 되는 크리에이터는 상대에게 자신의 가치를 각인시키지 못하면 직업을 지속할 수가 없을 것이다. 어떤 콘텐츠로 대중에게 기억되느냐에 따라 선택을 받을 것이기에 많은 고민과 노력을 하며, 매그넷의 영향력을 활용해야 할 것이다.

상대의 선택은 사람의 첫인상, 제품 첫 출시, 비즈니스 미팅, 타지 첫 방문 등 대상을 처음 대면하는 순간에 번번하게 일어난다. 특히, 선택을 결정짓는 첫 대면에서 대상이 지닌 가치는 상대의 평가에 중요한 역할을 한다. 이때 매그넷 전략은 대상이 갖추어야 할 가치를 효과적으로 형성할 수 있도록 도와줄 뿐만 아니라 상대에게 선택을 받을 확률을 높여준다.

개인이 매그넷(MEGNET) 전략을 수립할 때는 자신이 만나게 될 상대의 특성, 선호하는 이미지, 상황 등을 분석할 필요가 있다. 그리고 제품의 효과적인 가치 전달 전략을 위해서는 제품을 구매할 소비자의 특성, 제품의 기능성 등을 고려해야 한다. 도시나 국가의 가치를 긍정적으로 전하기 위해서는 문화와 예절, 각 지역을 대표할 사람들의 특성 등을 분석해야 한다.

대상이 노출될 상황에 대한 분석을 했다면 다음으로 대상이 가지는 특성을 정확히 인지해야 한다. 장점으로 부각시킬 수 있는 점, 기대하는 가치와 비교했을 때 보완해야 하는 점, 유사한 대상과 차별화할 수 있는 점을 분명히 하는 과정이 필요하다. 이처럼 대상이 인지될 조건에 대한 분석과 대상의 특성을 명확히 인지했을 때 상대에게 선택받을 수 있는 최상의 매그넷(MEGNET) 전략을 구축할 수 있을 것이다.

매그넛(MAGNET) 극복 Tip

　상대가 추구하는 이상적인 가치에 적합하도록 전략적으로 형성한 매그넛(MEGNET)이지만, 보인 가치와 대상의 실체가 상이할 때 상대로부터 더욱 부정적인 평가를 받을 수 있다는 것을 간과해서는 안 된다.

　이러한 현상을 극복하기 위해서는 이상적인 가치를 '체득'하기 위한 노력이 필요하다. 전략적으로 형성하고자 하는 가치 있는 사람이 되기 위해 지속적으로 노력한다면 만들어진 가치와 실체의 괴리감을 줄여나갈 수 있을 것이다.

　아래의 활동지에 주어진 상황마다 적합한 이상적 가치를 작성한 후 그것을 갖추기 위해 노력해야 할 것을 작성하라. 실제 상황에 직면했을 때 상대의 인정을 위해 본질에서 우러나오는 매그넛(MEGNET) 전략을 세울 수 있을 것이다.

Step5. 일회성이 아닌 체득!

---

1. 중요한 비즈니스를 위한 미팅 상황

　

　

　

2. 박람회에서 회사의 상품을 소개하는 상황

나의 경험 체크리스트

전략적으로 형성된 매그넛(MEGNET)이 개인의 일상 속에서 얼마나 빈번하게 영향을 미치는지 다음의 체크리스트를 통해 점검해 볼 수 있다.

문항	내용	체크
1	면접에 적합한 스타일이 있다고 생각한다.	
2	맛과 다른 포장지는 이질적이라 생각한다.	
3	모임에 적합한 복장이 필요하다고 생각한다.	
4	대상과 상황을 고려하여 옷을 선택한 적이 있다.	
5	소개팅을 할 때 평소보다 외적으로 신경 쓴다.	
6	제품 구매 시 포장에 영향받은 적이 있다.	
7	광고를 통해 대상의 가치를 생각한 적이 있다.	
8	광고 전단지를 보고 행사에 관심을 가져본 적이 있다.	
9	식당 선택 시 간판에 영향받은 적이 있다.	
10	과대광고에 끌려 물건을 구입한 적이 있다.	
11	인테리어는 공간의 가치 전달에 중요하다고 생각한다.	
12	유니폼이 마음에 들어 식당을 이용한 적이 있다.	
13	독특한 포장지에 끌려 제품을 구매한 적이 있다.	
14	나라마다 지켜야 할 예절이 있다고 생각한다.	
15	비즈니스 시 외모관리가 필요하다고 생각한다.	

문항을 체크했다는 것은 대상의 가치를 형성할 때와 장소, 상황 그리고 사람 등에 따라 적합한 매그넛(MEGNET) 전략을 구축하는 것이 필요하다는 것에 동의하고 있음을 의미한다.

다흰이와 함께하는 MAGNET

우리의 생활 속에서 일어나는 매그넛(MAGNET)을 다흰이들과 함께 살펴볼까요?

상대가 추구하는 가치를 고려하여 대상의 매그넛(MEGNET)을 전략적으로
구축해야 한다는 것, 잊지 마세요!

CHAPTER 06
'소통의 힘'

수익자동화를 위한 감정 파이프라인

06

수익자동화를 위한 감정 파이프라인

사진은 커뮤니케이션 수단으로서의 역할을 한다.
언어보다 비언어적 요소가 명확한 정보 전달에 유리하다.
매그넛(MAGNET)은 수많은 정보를 상기시키는 힘이 있다.

오해의 원인은 '말'에서부터

우리는 살면서 억울한 경험을 할 때가 종종 있다. 믿었던 지인으로부터 사기를 당한다거나, 투자한 곳에서 수익을 얻지 못한다거나, 경제적으로 성장을 하지 못하고 손해만 본 경우도 한 번쯤은 있을 것이다. 그뿐만 아니라 말로 무언가를 표현해야 할 때 자신의 뜻대로 전달되지 않고 그 의미가 왜곡되어 타인의 오해를 받은 적도 꽤 많을 것이다.

그 예로 상대에게 축하하는 말을 전했는데 자신이 시샘을 느끼는 것으로 전달되거나, 잘못을 사과했을 때 상대가 진심으로 받아들이지 않는 경우 등 다양한 상황에서 소통의 오류를 경험해 봤을 것이다. 무엇이 문제였을까?

왜 이런 현상들이 계속해서 일어나는지 궁금하지 않았는가? 무엇이 나를 이끌어서 이런 일들을 겪었는지 궁금하다면 말로 인해 형성된 매그넛(MAGNET)에 주목해야 한다.

버트 메라비언(1971)이 밝힌 '메라비언의 법칙'의 내용을 살펴보면 개인이 대화 시 상대의 인상을 형성하는 데 목소리는 38%, 말의 내용은 단 7%인 것에 비해 비언어적인 요소는 무려 55%나 기여한다고 했다. 즉, 상대를 인지할 때 시각적인 요소뿐만 아니라 비언어적 요소가 매우 중요하게 작용한다는 것이다.

지금 당장 거울 앞에 서 보라. 그리고 "저는 자신 있습니다", "정말 죄송합니다", "승진 축하해" 이 3가지 문장을 말해 보라. 어떻게 느껴지는가? 문장을 말하는 동안 당신의 표정은 어떠했는가? 당신의 제스처가 내용에 적합했는가?

우리는 타인과 소통을 하거나 대중 앞에서 말을 할 때 전달할 내용만을 중요하게 생각할 때가 있다. 그러나 성공적인 전달과 소통을 위해서는 당신의 표현 방법으로 인해 상대의 오해를 살 수도 있다는 것을 인지해야 한다.

표현 수단으로써의 매그넛(MEGNET)은 개인의 감정 표현에도 중요한 역할을 한다. 다음의 설문조사를 통해 비언어적 요소가 상대의 감정적 자극에 미치는 영향의 정도를 알 수 있다.

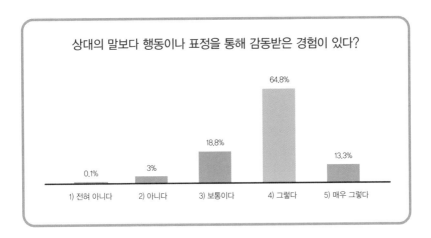

상대의 말보다 행동이나 표정을 통해 감동받은 경험이 있다?

설문조사 결과, 상대의 말보다 행동이나 표정을 통해 감동을 받았다는 응답이 78.1%, 그렇지 않다는 응답이 21.9%였다. 그중 매우 그렇다는 응답이 13.3%로 나타났다.

응답 결과를 통해 많은 사람들이 말보다 비언어적 요소로 감정적 자극을 더욱 많이 받고 있다는 것을 알 수 있다. 즉, 백 마디 말보다 한 번의 비언어적 소통에 보다 많이 감동받는다는 것이다.

우리는 일상에서 상대가 보이는 아주 작은 행동에 큰 감동을 받을 때가 있다. 무거운 짐을 들고 가는 사람에게 "힘들죠?"하고 묻는 사람보다 말없이 그 짐을 들어주는 이를 봤을 때 큰 감동을 받는 것처럼 말이다.

현대사회는 물건을 파는 시대를 넘어 고객의 감정을 사는 시대로 흘러왔다. 전하고자 하는 대상을 말로 설명하기보다는 감정 파이프라인을 구축해야 한다. 이제는 수많은 제품들 중에서 상대가 직접 선택하고, 만족하고 감동받은 만큼 잠재된 사람들에게 직접 알리게 되기 때문에 이제는 블로그, 인스타, 페이스북, 유튜브 등의 소통 플랫폼을 통해 자동적으로 끌어당기는 매그넛(MAGNET)이 활성화될 감정 파이프라인 구축에 정성을 쏟아야 할 것이다.

표현 수단으로써의 소통 플랫폼에서 감정 자극에 중요한 역할을 할 스스로의 가치를 먼저 구축하고, 감정을 나누는 공감대화를 위해 상황에 적합한 비언어적 요소를 갖추도록 지속적으로 노력해야 하겠다.

생각해보라. 강력한 매그넛(MAGNET)이 발휘될 당신의 감정 파이프라인은 많은 사람들이 함께 감정을 나누고 자극을 주고받으며 소통할 수 있게 구축되어 있는가?

사진과 영상 하나만으로...

표현 수단으로써의 사진이나 영상은 구구절절 설명을 보태지 않아도 상대와 소통할 수 있는 놀라운 힘을 갖고 있다. 즉, 사진을 보기만 했을 뿐인데 상대가 자신에게 전달하고자 하는 메세지의 의미를 이해할 수 있다는 것이다. 필자는 지금부터 사진만으로 당신과 소통하려고 한다. 그 어떤 설명도 하지 않을 것이다. 아래의 사진을 보라. 필자가 당신에게 전달하고자 하는 메세지가 무엇인지 느껴지는가?

이것이 표현 수단으로써의 사진이나 영상이 갖는 파워이다. 표현 수단으로써의 사진과 영상은 타인과의 감정 교류나 소통뿐만 아니라 기본적인 정보나 메세지 전달에도 매우 효과적이다. 다음의 활동지를 바탕으로 사진을 통한 정보 전달의 용이함을 직접경험할 수 있다. 먼저, 제시된 단어를 상대에게 말로 설명한다. 단어와 관련된 직접적인 용어나 의태어는 사용할 수 없으며 표정이나 행동으로 표현하지 않도록 주의한다.

이후 제시된 단어를 활동지에 글이 아닌 그림으로 표현한다. 관련된 영상을 보여주거나 제시된 단어에 적합한 사진을 붙여도 좋다. 이때 표정이나 행동으로 표현해도 된다. 단어를 가린 후 상대에게 자신이 표현한 것을 맞춰보도록 질문한다. 다수와 함께하면 그 효과를 배로 느낄 수 있을 것이다.

1. 꽃무늬 슬리퍼:	3. 핸드폰 충전기:	2. 빨간색 리본:

어떤 방법으로 대상을 설명했을 때 상대가 쉽게 이해했는가? 상대가 답할 때 더 많은 시간이 소요된 것은 어떤 방법이었는가? 상대가 틀린 대답을 더 많이 말한 방법은 무엇이었는가? 활동지 실습을 통해 알 수 있듯이 사진이나 영상은 글보다 간결하면서 정확하게 정보나 메세지를 상대에게 전달할 수 있다.

'거리뷰'가 생긴 이유

상대에게 약속 장소를 설명할 때 언어만으로 설명하기가 어렵다는 것을 경험한 적이 있을 것이다. 그럴 때 당신은 어떤 행동을 했는가? 아마도 종이를 꺼내서 주변의 건물과 특징을 그려가며 상대의 이해를 돕기 위한 노력을 했을 것이다. 혹은 지도나 약도를 펼쳐 놓고 머릿속으로 길을 떠올리도록 유도하며 설명했을 것이다.

자료 네이버 항공뷰

과거에는 언어의 전달력을 향상시키기 위한 매체가 약도였다면 현대는 더욱 발달된 '거리뷰'가 있다. 거리뷰는 매그넛(MEGNET) 파워를 보여 주는 좋은 예이다.

사진을 통해 실제 거리를 볼 수 있는 거리뷰는 상대와 보다 정확하고 분명한 소통이 가능하게 하는 매체이며 눈에 보이는 영상을 바탕으로 대상에 대한 설명에 상대가 신뢰를 가질 수 있도록 도와준다.

이처럼 표현 수단으로써의 사진과 영상을 통해 개인이 전달하고자 하는 메세지나 정보를 상대에게 쉽고 간단하게 전달할 수 있다. 따라서 이러한 매그넛(MEGNET) 파워를 활용한다면 일상에서 상대와 명확히 소통하는 데 도움이 될 것이다.

너와 나의 사인!

야구 경기를 관람하다 보면 투수와 포수 간에 바쁜 손놀림을 볼 수 있다. 이번 공은 어떻게 던질 것인지, 타자를 어떻게 속일지 등 그들만의 사인을 수신호로 주고받는 것이다. 이러한 수신호는 스포츠뿐만 아니라 주차, 운전, 공사현장 등 다양한 범위에서 활용된다.

특정 분야가 아니더라도 메세지를 담은 사인은 누구나 활용하고 있다. 왼쪽의 사진을 보라. 무엇이 떠오르는가? 우리는 저 사진이 의미하는 바를 알고 있다. '조용히 해' 또는 '비밀이야'라는 의미로 평소 자주 사용하던 비언어적인 표현이다.

이처럼 비언어적인 요소로도 상대와의 특별한 소통이 가능하다. 일상에서 말로 소통할 수 없는 상황이 생길 수 있다. 우리 집단만의 비밀이나 상대가 알면 곤란한 얘기일 경우 등 말이다. 이럴 때 주고받을 수 있는 서로의 약속된 사인이 있다면 센스 있게 상황을 대처할 수 있을 것이다.

그땐 그랬지...

　표현 수단으로써 사진은 수많은 정보를 상기시키는 힘이 있다. 특정 사진을 본 것만으로도 그 당시의 모든 일들을 떠올릴 수 있기 때문에 굳이 상황에 대한 설명을 하지 않아도 상대와 소통할 수 있다.

　다음의 사진은 필자의 추억이 담긴 사진이다. 이 추억을 같이한 이와 함께 사진을 보았다. 굉장히 많은 말을 주고받을 줄 알았는데 의외로 말보다는 서로 마주 보며 미소만 띠고 있었다. 필자는 서로가 말은 하지 않았지만 사진으로 함께 교감하고 있다는 것을 느낄 수 있었다.

누구나 아름다운 추억을 간직하고 있을 것이다. 말로 표현하기에 그날의 기억들을 모두 형용하기가 불가능할 만큼 특별했던 순간들 말이다.

지금 당신의 '그땐 그랬지'를 경험해 볼 것이다. 먼저, 다음의 액자에 당신의 추억이 담긴 사진을 붙여 보라. 이후 그 순간과 같이했던 사람과 붙인 사진을 함께 보라.

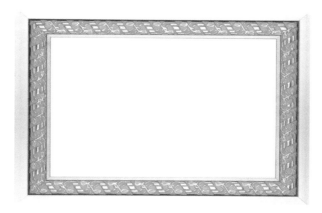

글로는 다 적을 수 없을 만큼 많은 추억들이 떠오르지 않는가? 상대에게 과거의 상황을 말로 설명하여 떠올리게 하는 것보다 표현 수단으로써의 사진 하나로 훨씬 많은 기억을 생생하게 상기시킬 수 있다. 지금 떠오르는 감정과 기억들을 어떻게 말로 다 설명하겠는가. 한 장의 사진이 주는 무언의 교감을 느껴보라

감동을 전하는 사진 하나로 소통할 수 있는 감정 파이프라인을 잘 구축한다면 강력한 매그넛(MAGNET)으로 인해 끊이지 않는 경제 가치가 창출될 것이며, 수익자동화를 경험하게 될 것이다. 잠을 자고 있어도 정성을 다해 구축한 감정 파이프라인의 긍정적 매그넛을 통해 추억이 재산이 되는 시대에서 성공하길 바란다.

말보다 영향력 있는 사진의 매그닛(MAGNET)

흡연의 위해성을 인지시키기 위해 다음과 같이 병든 신체기관을 적용한 이미지 사용을 늘리고 있다. 처음에는 간단한 문구를 넣었지만 현재 각국에서 흡연으로 인해 발생될 수 있는 건강 문제에 대한 경고 그림 삽입으로 확대되었다.

경고 : 흡연은 폐암 등 각종 질병의 원인!! 그래도 피우시겠습니까?
담배연기에는 발암성 물질인 나프틸아민, 니켈, 벤젠, 비닐 크롤라이드, 비소, 카드뮴이 들어있습니다.

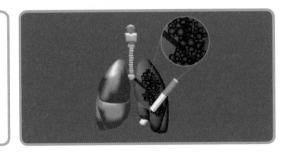

싱가포르, 브라질뿐만 아니라 한국에서도 담뱃갑에 이러한 사진을 사용하고 있다. 문구만 넣은 담뱃갑보다 경고 사진을 넣은 담뱃갑이 흡연의 위험성에 대한 경고 메세지를 강력하게 전달하고 있다. 흡연과 직접적으로 관련된 사진이 상대의 경각심을 불러일으키는 것이다.

담뱃갑에 경고 그림 삽입을 위한 과정에서 이를 반대하는 흡연자들의 시위가 발생하기도 했었다. 이는 담뱃갑의 사진이 흡연자에게 주는 부정적 영향력이 굉장히 크다는 것을 반증하고 있다.

이처럼 사진은 언어보다 강력 한 전달의 힘을 갖고 있으므로 진정한 소통을 원할 경우 사진과 영상을 효과적으로 사용한다면 얼굴을 보고 직접 하는 말보다 긍정적 매그닛(MAGNET)으로 인해 상대의 행동 변화를 쉽게 이끌 수 있을 것이다.

진실을 말하는지 의심스러워!

"후... 내가 하는 말을 왜 계속 못 믿는 거야?"

"네가 하는 말만 들으면 이해가 되긴 해. 하지만 그 말이 진실인지는 잘 모르겠어."

"하... 정말 억울하다. 도대체 왜 그렇게 느껴지는 건데?"

"눈에 보이는 모습이 그렇잖아. 중요한 말을 할 때 네가 자꾸 눈을 피하니까 신뢰할 수 없는 걸 어떡해!"

"말을 해도 그렇게 받아들이니 내가 어떻게 해야 돼?""말로는 누가, 어떤 말을 못 해."

우리는 상대의 비언어적 행동으로 인해 상대에 대한 신뢰가 무너지거나 상대의 말을 믿지 못한 경험이 종종 있을 것이다. 특히, 상대가 자신의 눈을 피하거나 우물쭈물하는 모습을 보면 더욱 쉽게 의심을 품게 된다.

비언어적 행동은 인간의 감정 생성과 자극에 영향을 주기 때문에 직접 만나서 소통을 할 경우 자신이 상대에게 어떤 모습으로 비치고 있는지에 대해 고려해야 한다. 수많은 근거를 들어가며 논리적으로 말을 해도 표정, 행동, 제스처 등 표현 수단으로써의 비언어적 행동이 당당하지 못하면 상대의 신뢰를 얻기가 힘들다.

언어적 표현은 꾸밈이나 반어법 등으로 통제가 가능한 것에 비해 개인의 비언어적 행동은 상대에게 무의식적으로 드러나는 솔직한 표출로 비치기 때문에 사람들은 신뢰의 무게를 비언어적 행동에 더 많이 둔다.

따라서 당신이 상대와 오해 없이 소통하고자 한다면 표현 수단으로써의 비언어적 행동의 매그넛(MAGNET)을 인지하고 전달하고자 하는 내용, 대상 상황 등에 적합한 행동을 할 수 있도록 노력해야 한다.

해석의 차이로 인한 오해

국가나 문화에 따라 표현 수단으로써의 비언어적 행동의 의미가 다르게 해석될 수 있다. 상대와 소통 시 비언어적 행동 차이로 인해 오해를 받거나 의도치 않게 타인의 기분을 불쾌하게 만들 수도 있다.

그 예로 국가별 제스처의 의미를 들 수 있다. 아래의 사진은 상대에게 메세지를 전달할 수 있는 표현 수단으로써의 비언어적 행동이며, 한국과 브라질에서 의미가 다르게 해석되는 대표적인 예이다.

첫 번째 사진은 한국에서 '일등', '최고' 등의 의미로 사용되지만, 브라질에서는 '미안함', '고마움' 등의 의미를 갖고 있다. 두 번째 사진은 한국에서 '돈', '수긍'의 의미지만, 브라질에서는 욕을 의미하기 때문에 사용을 삼가야 한다. 세 번째 사진은 한국에서 욕을 의미하지만 브라질에서는 행운을 빈다는 의미로 한국과 다른 긍정적인 의미를 갖는다.

이처럼 다양한 국적이나 문화를 가진 사람들과 소통할 때는 표현 수단으로써의 비언어적 행동에 주의를 기울여야 하며 각국에서 통용되는 의미를 이해하기 위한 노력이 필요하다. 이러한 세심한 노력이 당신의 매그넛(MAGNET)을 더욱 강하게 만들어 줄 것이다.

말로 표현하기가 어려워졌어요

다음은 일상 대화에서 표현 수단으로서 이모티콘을 사용하여 SNS로 소통한 내용을 캡처한 것이다. 글로 나눴던 대화가 이모티콘만으로도 충분히 대처가 된다는 것을 알 수 있다.

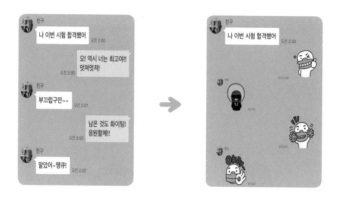

그러나 표현 수단으로써 이모티콘만으로 소통을 하다 보면 언어 표현 능력이 줄어들 수 있다. 이모티콘으로 전달할 때 의미는 명확하나 표현이 아주 간단하게 줄어들기 때문이다. 이러한 방법으로 소통이 지속되면 언어로 표현해야 할 때 어려움을 겪을 수 있다.

뿐만 아니라 이모티콘으로 대처한 내용을 말로 해야 할 때 불편함 또는 민망함을 느낄 수 있다. 예전에 말로 했던 표현도 어색해질 수 있다는 것이다.

우리는 타인과 교류할 때 감정이 담긴 목소리로 반드시 전달해야 할 메세지들이 있다. 또한, 사람이 할 수 있는 모든 말을 이모티콘이 대신할 수는 없기 때문에 감정을 표현할 순간에 적절히 사용해야 할 것이다.

전달의 시점에서 빛나라!

표현 수단으로써의 사진이나 영상은 전달의 시점에서 영향력을 발휘한다. 언어 체계를 통한 표현은 개인, 지역, 국가, 문화 등의 차이에 의해 전달의 한계가 있지 만 표현 수단으로써의 사진이나 영상은 적은 내용에서 방대한 내용까지 함축적으 로 명확하게 전달할 수 있다. 언어 표현의 한계는 먼 나라가 아닌 자신의 주거지역 과 다른 지역에만 가도 경험할 수 있다. 그 지역만의 특정 사투리나 단어로 인해 상 대가 하는 말을 정확히 이해하기 어렵다는 것을 인지하게 되기 때문이다.

'가라지'와 '귀티'라는 말을 들었을 때 당신은 무엇을 떠올렸는가? '가라지'는 '강 아지풀'의 제주도 사투리이고, '귀티'는 '귀퉁이'의 경상도 사투리이다. 우리는 가끔 사투리를 들었을 때 제대로 이해하지 못할 때가 있다. 이처럼 언어 표현을 통한 소 통은 의미 전달에 어려움을 발생시킬 수 있다.

'눈짓', '손짓'이라는 말을 들어 본 적이 있을 것이다. 사람들은 언어를 통한 의사 소통의 한계를 느꼈을 때 비언어적 행동을 활용한다. 대표적인 것이 길에서 외국인 을 만났을 때이다. 외국어가 유창한 사람도 있겠지만 대부분의 사람들은 외국인이 말을 걸었을 때 적지 않게 당황한다. 이때 외국인과 소통을 할 수 있도록 도와주는 것이 바로 표정, 행동, 사진 등의 표현 수단으로써의 비언어적 행동이다.

표현 수단으로써의 비언어적 행동은 언어로 전달하기 힘든 메세지나 오해를 살 수 있는 내용을 정확하고 간결하게 전달할 때 중요한 역할을 한다. 따라서 개인이 표현 수단으로써의 비언어적 행동으로 인해 형성되는 매그넛(MAGNET)이 갖는 힘을 인지하고 이를 적극적으로 활용한다면 긍정적인 소통을 할 수 있을 것이다.

소통의 장이자 자신을 알릴 수 있는 SNS에서 감정을 자극할 수 있고 진정한 소통을 할 수 있는 감정 파이프라인이 구축됨과 동시에 강력한 매그넛(MAGNET)이 일어난다면 소통 하나만으로도 수익의 자동화가 이루어질 것이다. 마케팅과 영업에 소진하는 비용과 노력, 시간도 필요하겠지만 이제는 SNS를 통한 감정 파이프라인이 구축되어 이루어지는 지속적인 소통이 지니고 있는 강력한 자동끌림을 위한 노력이 필요하다.

다시 말해, 성공하기 위해서 이제는 사진과 영상이 주는 파워를 적용한 SNS 소통을 통해 강력한 매그넛(MAGNET)이 형성될 수 있는 자신만의 감정 파이프라인을 구축해나가야 한다. 여기서 중요한 것은 SNS 소통에 있어 감정에 비중을 두어야 한다는 사실이다. 감정의 변화가 소통의 자기장을 강력하게 키우는 매개체가 될 것이기 때문이다.

이제 자기PR시대는 흘러갔다. 감정을 공유하고, 감정을 나누고, 감정을 사는 시대가 되었음을 기억하길 바란다. 사진과 영상을 통한 소통이 이끄는 매그넛(MAGNET)의 영향력을 인지했다면 수천 명의 팔로워보다 진심으로 감정을 나눈 소통을 한 소수가 여러분의 성공에 꼭 필요한 존재라는 것을 잊지 않길 바란다. '사람'의 힘이 경제 가치의 시작이 되는 지금, 이제는 SNS를 통한 감정 파이프라인 구축에 정성을 다해야 한다.

매그넛(MAGNET) 극복 Tip

　표현 수단으로써의 비언어적 행동은 지역, 문화 등에 의해 서로 다르게 해석되기 때문에 서로 간에 오해와 갈등을 일으킬 수 있다. 상대가 사용하는 비언어적 행동에 대해 충분히 인지하지 못했을 경우에도 상대의 의도나 메세지를 이해하기 어려울 수 있다.

　이러한 문제를 예방하기 위해서는 '다양한 문화의 이해'를 위한 지속적인 노력이 필요하다. 동일한 비언어적 행동이 갖는 다양한 의미를 인지한다면 잘못된 사용으로 인해 발생되는 갈등이 나 오해를 예방할 수 있을 것이다.

　다음의 활동지를 통해 비언어적 행동이 갖는 다양한 의미를 인지할 수 있으며 추후 표현 수단으로써의 비언어적 행동을 보다 효과적으로 활용할 수 있을 것이다.

Step6. 다양한 문화 이해하기

---

1. 자신이 알고 있는 의미와 다르게 사용되고 있는 비언어적 행동을 찾은 후 아래에 그림을 그리거나 사진을 붙이시오.

2. 위의 사진에 해당하는 의미를 적으시오.

나의 경험 체크리스트

비언어적 행동으로 인한 매그넛(MAGNET)의 파워가 개인의 일상 속에서 얼마나 빈번하게 영향을 미치는지 다음의 체크리스트를 통해 점검해 볼 수 있다.

문항	내용	체크
1	엄지를 들었는데 상대가 좋아한 적이 있다.	
2	이모티콘으로 감정을 전달해 본 적이 있다.	
3	사랑한단 말 대신 ♡를 그려준 적이 있다.	
4	말로 설명이 안될 때 사진을 보여 준 적이 있다.	
5	말보다 행동으로 쉽게 소통한 적이 있다.	
6	친구하고만 하는 제스처가 있다.	
7	외국인 앞에서 특정 행동을 조심한 적이 있다.	
8	상대가 시선을 피할 때 기분 나빴던 적이 있다.	
9	말보다 행동으로 감동받은 적이 있다.	
10	상대의 몸짓으로 길을 찾아간 적이 있다.	
11	상대의 표정을 보고 불쾌했던 적이 있다.	
12	울고 있을 때 상대의 위로를 받은 적이 있다.	
13	상대의 웃는 얼굴을 보고 함께 웃은 적이 있다.	
14	상대의 행동을 보고 의도를 파악한 적이 있다.	
15	상대의 행동으로 인해 겁먹은 적이 있다.	

문항을 체크했다는 것은 상대와 소통을 할 때 언어 표현이 아닌 표현 수단으로써의 비언어적 행동만으로도 명확하게 의미를 주고받고 있다는 것을 뜻한다. 또한, 비언어적 행동을 통한 소통으로 강력한 매그넛(MAGNET)이 형성되어 상대와의 감정 교류를 하고 있다는 것을 의미한다.

다흰이와 함께하는 MAGNET

우리의 생활 속에서 일어나는 매그넷(MAGNET)을 다흰이들과 함께 살펴볼까요?

사진과 영상은 표현 수단으로서 말보다 강한 매그넷(MAGNET)을 형성하며,

감동적인 소통의 역할을 한다는 것, 꼭 기억하세요!

CHAPTER 07
'선동의 힘'

1억 뷰 유튜브 따라잡기!!

07

-
-
-

1억 뷰 유튜브 따라잡기!

가치는 개인의 사고에 관여하여 상대를 이끄는 힘이 있다.
상대를 이끄는 매그넛은 조직을 응집시키고 선동할 수 있다.
대표자의 가치는 집단의 매그넛 형성에 영향을 미친다.

눈이, 손이, 마음이 움직이는 이유

1억 뷰 유튜브 콘텐츠를 관찰해보자. 왜? 수많은 구독자와 시청자가 형성되어 있을까? 우리는 살아가면서 자신의 행동에 대해 이유를 설명할 수 없을 때가 있다. 이유 없이 무언가에 끌리고, 누군가가 좋아지거나 싫어지고, 주위에서 말려도 굳이 자신의 고집대로 행동하는 것 등 말이다.

그러나 개인의 행동에는 이유가 있다. 자신이 무의식적으로 한 일이라 할지라도 판단의 근거를 찾다 보면 자신이 한 행동의 이유를 발견할 수 있다. 개인이 어떠한 행동을 하는 이유는 머릿속에 떠오른 가치에 이끌렸기 때문이다. 다시 말해 개인은 가치 있는 대상이 이끄는 대로 판단하고 행동하게 된다는 것이다. 당시에는 충동적으로 의도 없이 한 행동이라 생각할 수 있으나 매그넛(MAGNET)을 이해한다면 그 행동은 '상대를 이끄는 가치'에 영향을 받아 외부로 표출되었다고 할 수 있을 것이다.

　하지만 개인이 일상에서 자신을 이끈 가치에 대해 정확하게 모두 인지하는 것은 어렵다. 이러한 이유로 우리는 '나도 모르게', '무의식 중에' 하게 된 행동이라고 치부해 버릴 수 있다.

　어렸을 때 가끔 "아빠가 이런 곳에 가도 된다고 했어", "선생님께서 괜찮다고 했으니 상관없어" 등 누군가의 허락을 받았던 장면을 떠올리며 행동을 결정했던 적이 있을 것이다. 머릿속에 떠오른 '허락'의 장면이 이끄는 대로 자신이 할 행동을 결정한 것이다.

　어렸을 때뿐만 아니라 성인이 되어서도 유사한 경험을 한 적이 종종 있을 것이다. 이러한 경험은 개인의 행동이 머릿속에 떠오른 가치가 이끄는 힘에 의해 행해지고 있다는 것을 말해주고 있다.

　상대를 이끄는 매그넛(MAGNET)의 영향력은 사물, 사람, 기업, 도시, 국가 등 개인의 판단이 미칠 수 있는 모든 대상에게 발휘된다. 여행지를 선정할 때, 제품을 구매할 때, 투표를 할 때, 사람을 사귀거나 인간관계를 지속해야 할 때 등 다양한 상황에서 상대를 이끄는 매그넛(MAGNET)이 작용한다.

이러한 상황에서 사람들은 자신에게 제시된 대상의 정보를 정확히 알지 못하지만 가치가 있는 대상에 이끌려 판단하고 자신의 태도를 결정할 수 있다.

이처럼 우리는 일상 속에서 매우 빈번하게 상대를 이끄는 매그넛(MAGNET) 현상의 힘에 영향을 받고 있으며, 이를 바탕으로 생각하고 판단하여 행동하고 있다는 것을 인지해야 한다.

왜 그 사람을 선택했을까?

대통령, 국회의원뿐만 아니라 군수, 이장 하물며 한 학급의 반장을 뽑을 때도 선거를 한다. 우리는 어떤 기준으로 후보를 선택하는가?

예를 들어 대통령 선거를 할 때 평소 정치에 관심이 많고 정치색이 분명한 사람은 후보자의 공략이나 정치적 성격 등을 고려하여 투표할 것이다. 하지만 투표 자격이 주어지는 연령대 중 정치에 대해 잘 모르는 사람이 상대적으로 많을 경우가 있다. 이런 경우에 그들이 투표할 수 있는 이유는 바로 후보자의 매그넛(MAGNET) 영향력에 있다.

투표자는 후보자의 벽보나 연설 장면 등을 통해 가장 신뢰가 느껴지는 후보자에게 투표했을 것이다. 후보자의 실제 성격도 모르고 공략 이행에 대한 확신을 할 수도 없지만 마음이 이끄는 대로 선택한 것이다. 선거뿐만이 아닌 배우자를 선택하거나 친구를 사귀는 등 모든 인간관계도 마찬가지이다. 즉, 총체적인 상(像)을 신뢰할 수 있는 사람, 자신의 마음이 이끌리는 사람과 관계를 유지해 나간다는 말이다. 이처럼 상대를 이끄는 매그넛(MAGNET)은 대상에 대한 판단과 선택에 중요하게 작용한다는 것을 기억하라.

당신과 함께하고 싶소

"오랜만에 소고기 좀 먹어볼까?" "소고기 좋죠~ 어디로 갈까요, 형님?"

"이 집도 좋아 보이고... 왜 이렇게 고깃집이 많은 거야 선택할 때 괜히 고민만 되게."

"헤헤~ 형님, 그럼 제가 집집마다 가서 1인분씩만 먹어보고 올까요?"

"뭐? 허허허 내가 이래서 동생이랑 자주 보고 싶다니까?" "뭐 한다고요~ 자주 봐봤자 형님 주머니만 자꾸 새는데."

"동생은 그렇게 위트 있는 모습이 참 좋아. 동생만 보면 항상 유쾌해지는 기분이야. 힘든 일 있을 땐 언제든지 연락하라고. 난 무조건 동생 편이야! 껄껄껄."

당신은 타인의 매력적인 모습에 이끌려본 적 있는가? 자신이 이끌린 상대의 확인해 보지 못한 다른 부분까지도 모두 긍정적으로 생각하고 상대를 그저 좋게만 생각했던 경험이 있을 것이다. 긍정적인 매그넛(MAGNET)으로 인해 이미 끌려진 대상은 실수를 하거나 잘못을 한다 해도 다른 대상에 비해 훨씬 폭넓게 이해하며 부족한 부분까지도 감내하려는 마음이 생긴다.

이러한 현상은 제품, 기업, 지역, 국가 등 모든 대상에서 나타날 수 있다. 주변 사람들을 떠올려 보라. 똑같은 문제가 발생해도 쉽게 이해해 주는 대상이 있는 반면, 절대 이해해 줄 수 없는 대상도 있을 것이다. 자신이 대상에 이끌려 있는 정도가 달랐던 것이 그 행동의 이유가 될 수 있다. 이처럼 상대를 자동적으로 끌어당기는 현상인 매그넛(MAGNET)은 대상을 인지하는 상대의 포용력을 넓히는 긍정적인 영향력이 있다.

롤 모델을 정하는 이유

사람들은 살면서 한두 명의 롤 모델을 갖고 있다. 대상의 생각, 가치관, 외모, 말투, 행동, 사회적지위 등 다양한 요소를 고려하여 형성된 총체적인 매그넷(MAGNET)을 바탕으로 자신이 추구하는 모습과 가장 일치하는 대상을 선정한다. 이러한 롤 모델을 선정하는 이유는 그를 통해 자신의 삶을 이끄는 동기를 부여받고 싶은 기대가 있기 때문이다.

다음의 활동지를 통해 당신이 이끌리는 삶의 매그넷에 대해 인지할 수 있다. 먼저, 당신의 롤 모델을 선정하여 기입한 후 대상을 롤 모델로 선정한 이유에 대해 작성해 보라.

---

1. 나의 롤 모델 : _____

2. 롤 모델 선정 이유?

_____

_____

_____

_____

이 활동지에서 중요하게 여겨야 할 부분은 바로 '롤 모델 선정 이유'이다. 당신이 지향하는 삶의 방향과 통합적 가치가 모두 담겨 있다고 생각해도 과언이 아니다. 또한, 그 이유가 당신이 무언가에 이끌리게 되는 매그넷(MAGNET)이라고 할 수 있다.

자신이 적은 이유와 동일한 생각을 하는 대상을 만났을 때 당신은 그에게 긍정적인 신뢰를 형성하게 될 것이고 강력하게 이끌릴 것이다. 그 반대로 상대도 같은 현상으로 당신에게 강하게 이끌리게 될 것이다.

하나가 전체를 대표할 때

집단의 가치가 형성될 때 신뢰는 매우 중요한 요소로 작용한다. 이때 집단을 대표하는 대상의 이미지에 따라 집단에 대한 신뢰도가 달라질 수 있다. 다음의 설문조사를 통해 대표자의 이미지가 집단 전체의 인식에 미치는 영향에 대해 알 수 있다.

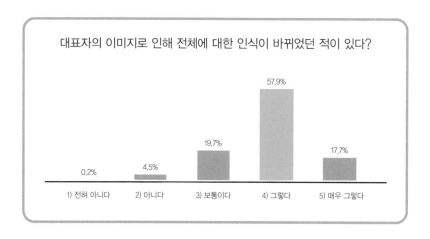

대표자의 이미지로 인해 전체에 대한 인식이 바뀌었던 적이 있다?

- 0.2% 1) 전혀 아니다
- 4.5% 2) 아니다
- 19.7% 3) 보통이다
- 57.9% 4) 그렇다
- 17.7% 5) 매우 그렇다

설문조사 결과, 대표자의 이미지로 인해 조직 전체에 대한 인식이 바뀌었던 적이 있다는 응답이 75.6%, 그렇지 않다는 응답이 4.7%로 나타났다. 이를 통해 대표자의 이미지는 집단의 가치 형성 시 중요한 역할을 한다는 것을 알 수 있다.

앞서 언급했던 '땅콩 회항 사건'은 대표자의 언행으로 구축된 이미지로 인해 기업의 브랜드 가치까지 실추된 대표적인 사례라 할 수 있다.

대표는 기업의 CEO와 같은 특정인을 지칭하는 말이 아니다. 누구나 때, 장소, 상황에 따라 대표자가 될 수 있다. 예를 들어 외국을 방문할 때는 당신이 한국의 대표가 된다는 것이다. 이렇듯 당신의 생각, 말, 태도, 행동 등에 따라 대표된 기관, 지역, 국가 등은 매력적 혹은 비호감적으로 형성될 수 있다는 것을 반드시 명심해야 할 것이다.

내 머릿속 내비게이션

현대에는 내비게이션이나 핸드폰의 지도 앱만 있으면 처음 방문하는 장소도 누구나 길을 헤매지 않고 찾아갈 수 있다. 그러나 이러한 장비가 없거나 고장 나서 사용할 수 없을 때 당신은 어떻게 하는가? 길을 찾지 못하는가? 그렇지 않을 것이다. 평소 내비게이션에 익숙해져 있다 보니 조금 당황할 수는 있겠지만 이내 자신의 머릿속에서 연상되는 그림이 이끄는 대로 길을 찾아가고 있는 스스로를 발견할 수 있을 것이다.

오히려 자주 다녀본 길이라면 내비게이션보다 익숙한 도로가 이끄는 대로 스스로를 믿고 길을 찾을 것이다. 초행길이라 할지라도 이정표 또는 표지판을 믿고 그것이 지시하는 대로 바른길을 찾아갈 수 있을 것이다. 처음에는 약간의 혼란이 발생할 수 있으나 목적지에 도착한 후 곧 느끼지 않는가? '역시 내가 생각한 길이 맞았어!'라고…

이처럼 자동끌림 현상인 매그넛(MAGNET)은 혼란스러운 상황에서 개인을 분명하게 행동할 수 있도록 도와주는 역할을 한다. 일상에서 스스로가 믿고 있는 상(像)이 자신을 이끌고 있음을 기억하라.

위급상황에서 더욱 강하게 발휘되는 힘

사고나 재해가 발생했을 때 그 주변은 혼란을 겪게 되고 질서가 무너질 수 있으며, 이로 인해 2차 사고가 발생할 수도 있다. 상대를 자동으로 끌어당기는 현상인 매그넛(MAGNET)은 위급상황 시 발생되는 혼란을 진정시키고 사람들이 상황에 침착하게 대응할 수 있도록 도와준다.

예를 들어 건물에 불이 났을 때 일반인들이 서로 지시하는 것은 더 큰 혼란을 발생시킬 수 있다. 위험 시 사람은 생존에 대한 욕구가 강해지고 고립에 대한 두려움이 커지기 때문에 타인의 지시보다는 자신의 판단으로 행동하려 한다.

그러나 위급한 상황에서 소방관이 지시를 한다면 상황은 현저하게 달라질 수 있다. 불이 났을 때 사람들에게 '소방관'은 절대적으로 자신을 구해줄 것이라는 강한 신뢰를 바탕으로 한 매그넛(MAGNET)을 갖고 있기 때문이다.

혼란 속에서 소방관이 "몸을 낮춰라", "바람이 들어오는 쪽으로 걸어가라", "비상등이 이끄는 대로 의심하지 말고 걸어가라" 등의 지시를 한다면 현장의 사람들은 그의 말에 따라 움직일 것이다. 또한, 눈앞에 아무것도 보이지 않는 상황보다는 비상구나 출구의 빛을 보았을 때 사람들은 보다 침착하게 행동할 것이다. 비상구나 출구의 빛이 이끄는 대로 침착하게 이동하면 탈출할 수 있을 것이라는 신뢰를 바탕으로 형성된 강력한 매그넛(MAGNET)이 있기 때문이다.

이처럼 상대를 강력하게 끌어당기는 매그넛(MAGNET)은 위급한 상황에서 그 영향력이 극대화로 발휘될 수 있다. 따라서 사고나 재해 등 위급한 상황이 발생했을 시 매그넛을 적극적으로 활용할 수 있도록 고심하여 상황을 통제한다면 위기의 순간을 마무리 짓고 피해의 규모를 줄이는 데 도움이 될 수 있을 것이다.

충동적인 자극을 주는 매그넛(MAGNET)의 힘

여성들이 화장품을 살 때 충동적으로 구매하지 않겠노라 다짐을 하고도 흔들리는 순간이 바로 자동적으로 끌어당기는 현상인 매그넛(MAGNET)에 노출되었을 때이다.

전략적으로 가치가 형성된 제품이나 사회적으로 긍정적인 브랜드 제품을 보고서 '오늘 당장 필요한 것은 아니니까'라고 구매를 미룰 수 있겠지만 제품을 바르는 즉시 주름이 펴지는 동영상, 제품 사용 임상결과 등상대를 이끄는 힘을 가진 광고를 보는 순간 '어머, 이건 꼭 사야 해!'라고 생각이 바뀔 수도 있다.

자동끌림 현상인 매그넛(MAGET)은 개인의 사고와 판단에 영향을 미친다. 대상이 갖는 가치에 매료된다면 지금 꼭 갖고 싶다거나 당장 함께 하고 싶다는 등 충동적인 자극이 극대화되어 절제가 힘들어질 수도 있다.

예를 들면 친구의 옷을 사러 백화점에 따라갔다가 마네킹에 걸려 있는 옷에 이끌려 계획에 없던 구매를 한다든지, 국수가 먹고 싶어서 식당을 찾던 중 다른 종류의 음식점의 광고에 이끌려 먹으려 했던 메뉴를 바꾼다든지 하는 경우 말이다. 연인들이 싸우다가 한 명이 '우리 헤어져!'라고 갑자기 말하는 것도 상대가 자신에게 보이는 행동에 이끌려 충동적으로 행동한 예라 할 수 있다.

이처럼 상대를 자동적으로 이끄는 현상인 매그넛(MAGNET)은 개인의 충동성을 자극한다. 이 때문에 우리는 초기 계획과 다른 결과를 도출하기도 하며, 때에 따라 후회하는 경우가 발생하기도 한다. 따라서 어떠한 결정을 내리기 전에 자신의 결정이 원래 추구하던 것이었는지 혹은 매그넛(MAGNET)에 이끌려 충동적으로 결정지은 것인지 다시 한 번 고려해 볼 필요가 있다.

헤어날 수 없어요!

일상에서 강력하게 자동적으로 끌어당기는 매그넛(MAGNET)에 의해 자신도 모르게 대상을 판단하여 선택하는 경우가 매우 빈번하게 일어나고 있다. 자신이 신뢰하는 브랜드의 제품이라면 첫 출시된 제품이라 해도 믿고 구매하는 것처럼 말이다. 필자는 이러한 행동을 하게 되는 원인을 매그넛(MAGNET)에 두고 있다. 사람들은 평소 갖고 있던 브랜드에 자동적으로 이끌려 처음 접한 제품 또한 긍정적으로 생각하고 제품을 구매하게 되는 것이기 때문이다.

주위에서 조금 더 생각해보고 구매하기를 권했을 때 이미 자신이 매료된 브랜드이기 때문에 망설이는 시간이 굉장히 짧거나 망설이지 않고 구매한 적이 있지 않은가? 비단 제품을 구매할 때뿐만 아니라 다양한 상황에서 이와 유사한 경험을 한 적이 있을 것이다.

상대를 이끄는 매그넛(MAGNET)이 너무 압도적일 때 대상에 대한 개인의 판단이 흐려질 수도 있다. 이와 같은 현상이 계속되면 자신이 형성한 대상의 가치에 너무 심취하여 이성적인 판단 없이 대상을 맹신하는 상태에 이를 수도 있다. 이때 주변에서 조언이나 충고를 들을 수 있겠지만 이미 대상에 매료된 상태라면 타인의 조언이나 충고가 객관적으로 받아들여지지 않을 수 있다. 오히려 상대의 조언을 자신의 믿음에 대한 부정이라 판단하여 상대를 비난하거나 공격할 수도 있다.

이처럼 매그넛(MAGNET)이 부정적으로 발휘되었을 때 개인의 판단력을 흐리게 할 뿐만 아니라 주변의 인간관계마저 해칠 수 있다. 따라서 대상을 바라볼 때 비판적 사고를 갖고 객관적인 기준에서 판단하고 선택할 수 있도록 지속적으로 노력해야 한다.

하나로 인해 잘 되거나 잘못되거나

개인이 매그넛(MAGNET)을 인하여 그 파워를 부정적인 방향으로 사용했을 경우 굉장히 큰 문제가 발생할 수 있다.

강력한 매그넛(MAGNET)을 구축한 개인은 조직 구성원들을 선동할 수 있는 힘이 있다. 이를 악용하는 사람은 자신을 신봉하는 조직을 구성하여 개인의 목적을 이루기 위해 조직 구성원들을 이용할 수도 있다. 조직 구성원들은 조직의 대표자에 대한 절대적인 믿음이 형성되어 있는 상태이기 때문에 그가 지시하는 사항에 무조건적으로 수용하는 태도를 갖게 된다. 덕분에 대표자는 조직 내에서 초월적인 파워를 가질 수 있다.

그 대표적인 예가 아돌프 히틀러이다. 그가 독일의 수상이 되었을 때 저지른 학살 및 가혹행위는 말로 다 할 수 없지만 그의 수하에 있던 사람들은 한치의 의문도 갖지 않고 그의 이념에 동참했다. 히틀러가 갖는 매그넛(MAGNET)에 이끌려 강한 신뢰를 바탕으로 행동했기 때문이다.

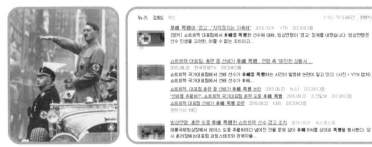

자료 http://media.daum.net/

비단 히틀러뿐만이 아니다. 폭력 조직도 같은 예라 할 수 있다. 조직의 보스는 조직원들에게 강력한 믿음을 주고 이를 바탕으로 조직원들을 이끌 수 있는 매그넛(MAGNET)을 형성했을 것이다.

보스의 매그넛(MAGNET)에 의해 조직원들은 그의 지시와 명령에 복종하며 생활한다. 보스의 말에 불복하거나 명령을 이행하지 않을 경우 보스에 대한 배신으로 인지하여 해당 조직원에게 가혹한 처벌을 하기도 한다.

이러한 일이 가능한 이유는 조직의 대표자가 갖는 매그넛(MAGNET)의 영향력으로 대표자는 조직 내에서 독재적인 힘을 행사할 수 있으며, 이로 인해 자연스럽게 강압적인 조직 문화가 구축되기 때문이다. 이처럼 상대를 이끄는 매그넛이 초월적으로 강력해졌을 때 개인이 조직에 행사하는 영향력을 통제하기가 어려워질 수 있다.

하지만 이러한 매그넛(MAGENET)의 특징을 이해한다면 오히려 간단한 방법으로 분란을 일으키는 조직을 안정화시킬 수 있다. 바로 조직의 대표자와 협상하는 것이다. 전 세계의 전쟁 역사에서 승기를 잡기 위해 상대 국가의 수장을 먼저 해하는 것 또한 같은 이치로 이해할 수 있다. 조직을 이끌고 선동하는 대표자가 갖는 매그넛(MAGNET)은 엄청나기 때문에 그를 먼저 제거함으로써 조직 전체의 사기를 떨어뜨릴 수 있다. 이순신 장군이 "나의 죽음을 적에게 알리지 말라!"라고 지시한 것도 이러한 매그넛의 힘을 알고 최악의 상황을 막고자 한 지혜가 아니었을까?

일상생활에서 조직이나 집단 간에 마찰이나 분쟁이 발생했다면 상대 집단의 대표자를 먼저 파악하라. 그리고 그와 먼저 의견을 조율한다면 그를 따르는 구성원들은 자연히 무장해제되어 대표자의 의견을 따를 것이다.

이처럼 자동적으로 상대를 끌어당기는 매그넛(MAGNET) 현상의 영향력을 인지하여 생활 속에서 긍정적인 방향으로 활용한다면 많은 사람들을 선동하여 하고자 하는 일들을 보다 수월하게 해나갈 수 있을 것이며, 효율적으로 관계를 개선하고 발전시켜 나갈 수 있을 것이다.

대표의 시점에서 빛나라!

상대를 자동적으로 끌어당기는 현상인 매그넛(MAGNET)은 대표의 시점에서 영향력을 발휘한다. 사람들은 인간관계를 할 때 상대에게 자신이 영향력 있는 사람으로 기억되기를 희망한다. 특히, 집단을 대표하는 위치에 서게 되면 구성원들을 잘 이끌고 상황에 맞게 전체를 관리할 수 있는 리더가 되기를 기대한다.

그러나 모든 리더들이 조직을 성공적으로 통솔할 수 있는 것은 아니다. 한 리더가 지닌 매그넛만으로도 구성원들의 태도를 달라지게 하거나 내부적인 문제를 발생시킬 수도 있기 때문이다. 예를 들면 대표자의 이미지가 구성원이 기대하는 바에 미치지 못하거나 실망스러운 모습을 지속적으로 보여줬을 때 대표자에 대한 신뢰가 무너질 수 있으며 집단이 와해될 수도 있다. 따라서 대표자는 구성원들의 신뢰를 바탕으로 집단의 성장과 발전을 도모하기 위해 매그넛(MAGNET)을 적극적으로 활용해야 한다.

개인에게도 매그넛(MAGNET)은 다양한 상황에서 중요하게 작용한다. 타인에게 함께하고 싶은 사람으로 기억되고자 할 때, 힘들고 열악한 상황을 이겨 나가야 할 때, 예상하지 못한 일과 마주했을 때, 무언가를 결정해야 할 때, 자신의 삶을 주도적으로 살아가고자 할 때 등에서 매그넛(MAGNET)의 긍정적인 영향력이 발휘된다면 보다 원하는 바대로 좋은 결과를 얻을 수 있을 것이다. 이를 위해서는 스스로 대상의 어떠한 요소 이끌리는지를 인지하고 자신을 이끌고 있는 대상이 지닌 매그넛(MAGNET)은 본인에게 어떠한 영향을 미치고 있는지 알려고 하는 자세가 필요하다.

유명한 유튜버 또는 라이브 방송인들을 관찰해 보면 대중이 원하는 콘셉트와 볼거리, 재미, 그리고 감동을 주는 콘텐츠를 나누고 있다. 많은 사람들은 그들을 신뢰하고 자동적으로 구독과 좋아요를 누르게 되고 그들에게 계속해서 이끌리게 된다. 현재 그들은 연예인만큼이나 더 많은 영향력을 발휘하며, 현시대의 문화를 만들고 개개인으로 이슈화가 되고 있다. 그들은 어떻게 성공했을까? 대중이 원하는 것이 무엇이고 어떻게 해야 그들을 이끌 수 있는지, 그리고 강력한 매그넛(MAGNET)의 힘을 알고 있기 때문이다.

1억 뷰 유튜브 콘텐츠처럼 강력한 매그넛 영향력 아래 즐거운 마음으로 관계를 형성해 나간다면 어떤 분야에서든 1억 명을 끌어당기는 리더가 되는 것을 뛰어넘어 한 나라의 대통령도 되지 않을까…

매그넛(MAGNET) 극복 Tip

자동적으로 끌어당기는 현상인 매그넛(MAGNET)은 개인의 모호했던 상(像)을 분명하게 할 수 있으며, 집단을 선동하는 힘을 가질 수 있다. 그러나 개인이 대상을 판단하는 객관적 기준을 흐리게 할 수도 있으며, 이로 인해 대상에 대한 신뢰가 강해져 주위의 조언이나 충고를 배제해버릴 수도 있다.

이러한 문제를 예방하기 위해서는 '의견을 수렴하는 태도'를 갖추기 위한 노력이 필요하다. 즉, 자신이 대상에 매료되어 긍정적인 생각을 했다 하더라도 타인이 하는 얘기나 평가에 귀 기울여 객관적이고 현명하게 판단할 수 있도록 노력해야 하는 것이다.

아래의 활동지를 통해 자신이 대상에 대해 충동적으로 판단하고 행동하지는 않았는지 점검해 볼 수 있다.

Step7. 그는 나를 왜 말렸을까?

---

1. 친구나 지인이나의 행동을 만류했던 적은?

2. 왜 나의 행동을 제재했을까?

나의 경험 체크리스트

매그넛(MAGNET)이 개인의 일상 속에서 얼마나 빈번하게 영향을 미치는지 다음의 체크리스트를 통해 점검해 볼 수 있다.

문항	내용	체크
1	'원조' 간판을 보고 음식 맛을 기대한 적이 있다.	
2	반장의 말을 더 잘 따른 적이 있다.	
3	특정인을 쉽게 신뢰해 본 적이 있다.	
4	비상구 표지판에 따라 출구를 찾은 적이 있다.	
5	기억에 의지하여 길을 찾아간 적이 있다.	
6	대기업 제품을 선호하는 편이다.	
7	광고에 자주 등장하는 제품을 산 적이 있다.	
8	특정 연예인의 헤어스타일을 따라 한 적이 있다.	
9	유명 강사가 가르치는 학원에 등록한 적이 있다.	
10	드라마 한 편을 보고 시리즈를 다 본 적이 있다.	
11	벽보의 사진에 이끌려 투표를 한 적이 있다.	
12	최신 휴대폰을 보고 충동구매를 한 적이 있다.	
13	안내원이 지시하는 사항에 순순히 응한다.	
14	내비게이션이 제시하는 길을 믿고 따라간다.	
15	마트에서 친환경 코너로 나도 모르게 손이 간다.	

문항을 체크했다는 것은 자신이 평소 매그넛(MAGNET)을 활용하는 대상에 무의식적으로 이끌려 행동하고 있다는 것을 의미한다.

다흰이와 함께하는 MAGNET

우리의 생활 속에서 일어나는 매그넛(MAGNET)을 다흰이들과 함께 살펴볼까요?

대상의 신뢰를 형성하는 요소가 개인을 자동적으로 끌어당기는 매그넛
(MAGNET)을 만든다는 것, 잊지 마세요!

CHAPTER 08
'지식의 힘'

100억이 되는 지식의 힘을 기억하라!!

08

-
-
-

100억이 되는 지식의 힘을 기억하라!!

매그넛은 개인의 지식을 바탕으로 형성된다.
개인이 습득한 지식의 양과 범위는 각기 다르다.
같은 대상에 대해 서로 다르게 떠올릴 수 있다.

어떤 지식을 기억하고 있나요?

사람들은 살면서 다양한 지식을 습득한다. 학습을 통해 지식을 얻기도 하고 자라온 환경을 바탕으로 사물, 생물, 풍경 등을 하나의 상(像)으로 기억하기도 한다. 이때 습득되는 지식은 개인에 따라 그 범위와 양이 다를 수 있다. 우리는 눈앞에 대상의 실체가 제시되지 않아도 개인이 갖고 있는 지식에 의해 대상의 가치를 형성할 수 있다. 이때 개인이 보유한 지식에 따라 각기 다른 가치가 형성된다. 즉, 같은 대상도 받아들이는 사람이 가진 지식의 정도에 따라 그 대상의 가치가 달라진다는 것이다.

오랜 시간 우리가 습득한 지식의 배움과 정보 공유를 통한 무한한 창조가 나오게 되며, 그것은 100억 이상의 가치를 지니게 될 것이다.

개인이 자라온 환경을 바탕으로 축적된 지식은 매그넛(MAGNET) 형성에 중요한 역할을 하는 근원이 된다.

환경에 의해 습득한 지식에 따라 개인은 대상을 다르게 떠올릴 수 있다. 이집트인과 프랑스인에게 삼각형 건물을 떠올리게 했다고 가정하자.

이집트인은 피라미드를, 프랑스인은 에펠탑을 먼저 떠올릴 확률이 높다. 그들은 주어진 대상을 떠올릴 때 자신이 기억하고 있는 지식 중 대상에 대한 설명과 가장 일치하는 것을 선택한 것이다. 이처럼 환경에 의해 매그넛(MAGNET)의 기반이 되는 지식이 사람마다 다르게 습득될 수 있다. 당신은 '우리 지역' 하면 어떤 색이 떠오르는가? 아래의 사진처럼 산간지역에 사는 사람과 도시에 사는 사람이 떠올린 색은 차이가 있을 것이다.

산간지역에 사는 사람은 왼쪽의 예시처럼 산, 들, 나무 등 자연에서 인지한 색을 자동적으로 떠올렸을 것이고, 도시에 사는 사람들은 오른쪽의 예시처럼 건물이나

도로 등 도심에서 인지한 색을 자동적으로 떠올렸을 것이다. 이를 통해 개인은 자신이 자라 온 환경에 영향을 받아 자동적으로 끌어당기는 매그넛(MAGNET)을 형성한다는 것을 확인할 수 있다.

대상의 매그넛 형성에 작용하는 지식은 개인의 환경 외에도 후천적 학습을 통해 습득할 수 있다. 학습은 개인의 지적 범위를 넓혀주며 다양한 정보를 쉽게 인지할 수 있도록 도와주지만 개인의 연령, 성별, 조건 등에 따라 학습의 범위가 달라질 수 있다.

이러한 학습의 차이는 개인이 습득하는 지식에 영향을 미친다. 그 결과 떠올리는 대상이 개인에 따라 달라질 수 있다.

다음의 사례를 통해 그 예를 들 수 있다. 필자는 강연 중 매그넛 파워를 설명하기 위해 아래의 검은색 그림자를 제시하고 떠오르는 이미지에 대해 수강자와 질의 응답을 자주 하였다. 이때 10대는 mp3, 20~40대는 미키마우스, 60대 이상은 곰 인형이 떠오른다고 상이하게 답변하였다.

수강자는 각자 자신이 기억하고 있는 지식 중에서 제시된 형태와 가장 유사한 것을 선택하여 떠올린 것이다. 이처럼 사람들은 자신의 환경과 지적 범위 등 스스로가 기억하는 지식을 근거로 하여 대상을 자동적으로 떠올린다. 이러한 매그넛(MAGNET) 파워를 물건을 창조하고, 프로젝트를 기획하고, 홍보와 마케팅을 할 때 적용한다면 어떤 분야에서든 100억 이상의 가치를 창출해낼 수 있을 것이다.

지식으로 기억된 매그넛(MAGNET)의 힘

아래의 활동지는 '미로 찾기' 게임이다. 이 게임을 통해 이로 각인된 지식이 갖는 매그넛(MAGNET)을 경험할 수 있다. 게임은 두 사람이 함께 참여해야 한다.

미로는 1단계, 2단계로 나뉜다. 1단계 미로는 둘 중 한 사람만 풀어본다. 1단계 미로에 참여한 사람은 미로를 지나면서 인지한 방법을 머릿속으로 기억한다. 이때 미로를 풀었던 방법을 상대와 공유하지 않는다. 1단계를 통과한 사람이 미로와 관련된 방법을 충분히 기억한 후 2단계 미로를 시작한다. 2단계 미로는 두 사람이 동시에 시작한다.

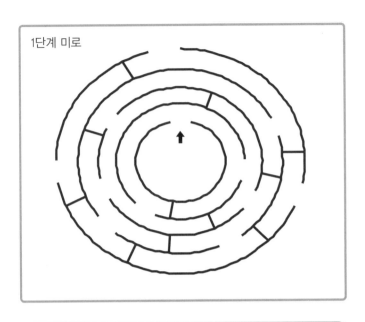

1단계 미로

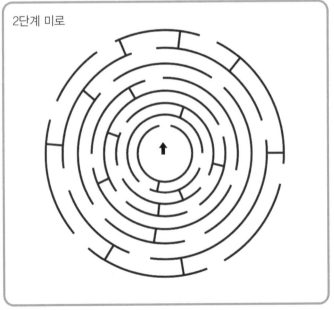

2단계 미로

두 사람 중 누가 2단계 미로를 먼저 통과하였는가? 아마도 1단계 미로를 통해 통과하는 방법을 습득한 사람일 것이다. 2단계 미로는 출발에서부터 약 50% 지점까지 1단계 미로와 동일하다. 2단계 미로에 1단계 미로가 등장한다는 언급은 없었지만 1단계 미로를 통과한 방법을 기억한 사람은 2단계 미로를 시작함과 동시에 1단계와 동일하게 출발된다는 것을 인지했을 것이다.

이처럼 각인된 지식은 동일하거나 유사한 상황에서 생생하게 떠오르며 문제해결 능력을 향상시켜주는 매그넛(MAGNET) 파워를 가진다.

매그넛(MAGNET) 때문에 놓쳤어요!

문자를 보거나 책을 읽을 때 오타를 인지하지 못하는 경우가 종종 있다. 이는 글자 정보가 이미 머릿속에 매그넛(MAGNET)으로 기억되어 있다는 증거이다. 이 때문에 글에 오타가 있더라도 전체 문장을 읽어나가는 데 무리가 없는 것이다. 숫자 '9' 속에서 '8'을 찾는 것이 힘든 것도 같은 이치이다. '9'와 유사한 모양으로 끌어당겨 '8'을 머릿속에서 동일하게 인지했기 때문이다. 아래의 활동지를 통해 숫자 '8'을 3개 찾아보라.

> '9' 속에 숨겨진'8' 찾기
>
> 99999999999999999999999999999999999999999999999999
> 99999999999999999999999999999999999999999999999899
> 99999999999999999999999999999999999999999999999999
> 99999999999999999999999999999998999999999999999999
> 99999999999999999999999999999999999999999999999999
> 99999999999999999999999999999999999999999999999999
> 99999999999999999999999999999999999999999999999999
> 99999999999999999999999999999999999999999999999999
> 99999999999999999999999999999999999999999999999999
> 99999999989999999999999999999999999999999999999999
> 99999999999999999999999999999999999999999999999999
> 99999999999999999999999999999999999999999999999999
> 99999999999999999999999999999999999999999999999999
> 99999999999999999999999999999999999999999999999999

이러한 매그넷(MAGNET), 즉 자동끌림 현상으로 인해 이미 우리 머릿속에 유사하게 기억된 '9'와 '8'을 구별해 내기란 쉽지 않을 것이다.

이처럼 기억되어 있는 지식으로 인해 인지적 오류가 발생할 수 있다. 따라서 새로운 지식을 받아들일 때 이전에 인지된 내용과 유사한 부분을 먼저 상기시키기보다 있는 그대로 받아들일 수 있도록 노력해야 한다.

정보가 적용되는 우선순위

강사 : "지금부터 팀 대표의 설명을 잘 듣고 그 대상이 무엇인지 맞춰보세요!"

팀 대표 : "고무로 된 재질이에요. 입구가 링처럼 되어 있어요. 그리고 잘 늘어나요. 색깔과 종류가 다양하고 터지기도 한답니다. 이것은 무엇일까요?"

강사 : "자, 설명이 끝났습니다. 머릿속에 떠오르는 것들을 잘 정리하시고~ 다같이 답변해 주세요! 하나~ 둘~ 셋!"

팀원 1 : "풍선!"

팀원 2 : "풍선이오."

팀원 3 : "풍선"

팀원 4 : "콘돔"

이 에피소드는 필자가 강의 중 겪은 일이다. 강의의 메세지를 효과적으로 전달하기 위해 가벼운 게임을 진행했다. 팀의 대표자가 대상에 대해 설명하고 가장 짧은 시간 내에 조원 모두가 같은 답을 말하는 팀이 우승하는 방식이었다.

세 번째 팀의 제시어인 '풍선'에 대해 대표자는 상세히 설명했다. 그런데 그 팀에 성교육 전문 교사가 있을 것이라고는 아무도 몰랐다. 팀원들은 답을 교류할 수 없기 때문에 눈빛으로 교감하여 답을 말해야 했다. 성교육 교사는 팀 대표의 설명을 듣고 자신의 가진 정보 중 가장 먼저 떠오르는 대상을 선택했을 것이다. 즉, 그는 게임의 답을 '풍선'이 아닌 일상에서 자주 언급하던 '콘돔'으로 말한 것이다.

개인이 현재 중점적으로 생각하는 분야가 바뀔 때마다 정보의 우선순위가 달라질 수 있다. 이러한 현상은 주위에서 흔하게 겪을 수 있음을 인지해야 한다.

대상을 제시했을 때 사람마다 정보 선택의 우선순위가 다른 것을 다음의 활동지를 통해 확인할 수 있다. 이 활동지는 우리가 흔히 아는 '초성 게임'이다. 제시된 초성을 보고 가장 먼저 떠오르는 것을 적어 보라. 여러 사람과 함께 해보면 더욱 효과적이다.

1. 첫 번째 초성 : ㅅㄹ

2.두번째초성 : ㄷㄹㅁ

3.세번째초성 : ㅇㅁㄹㅈ

　　각자 어떤 대상을 떠올렸는가? 같은데 상을 떠올린 사람도 있을 것이고 자신이 전혀 예상하지 못한 대상을 떠올린 사람도 있을 것이다. 이는 초성을 보고 적절한 단어를 떠올릴 때 자신이 알고 있는 정보 중 가장 먼저 떠오르는 것이 서로 다르다는 것을 의미한다.

　　개인은 대상을 떠올릴 때 일상에서 자주 사용하는 정보를 우선적으로 반영한다. 즉, 사람들은 다양한 정보를 갖고 있지만 대상을 상상할 때 현재 가장 관심을 두고 있는 대상의 정보가 머릿속에서 먼저 상기된다는 것이다. 따라서 우리는 상대와 소통할 때 이를 고려해야 한다.

이런 말을 써본 적이 없기에...

아래의 왼쪽 문자 내용을 보고 오른쪽의 의미를 해석할 수 있는가?

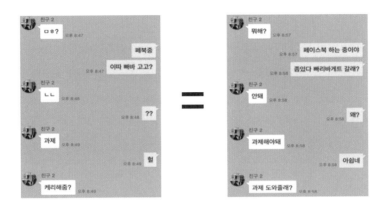

위 문자는 청소년들 사이에서 유행하는 언어 표현법이다. 문장을 전체로 작성하는 것이 귀찮거나 불편하여 문자를 변형하여 간단하게 주고받는 방식이다. 다시말해 'ㅁㅎ'은 뭐해?'로, 'ㄴㄴ'는 '안돼'로 자음의 모양만 보고 상대가 표현한 것의 의미를 바로 떠올릴 수 있다는 것이다. 이것이 매그넛(MAGNET)의 힘이다.

그러나 이러한 방법도 사전에 정보를 공유한 사람들끼리만 사용할 수 있다. 즉, 한 번도 변형된 글자를 사용해 본 적이 없는 사람들은 상대가 전달한 문자의 의미를 떠올릴 수 없다는 말이다. 이처럼 대상을 떠올리거나 생각할 때 자신이 아는 지식과 정보 밖의 것으로 떠올리기 힘들다는 것을 알아야 한다. 따라서 지식과 정보의 범위를 넓히기 위해 지속적인 노력을 기울여야 타인과 원활한 소통이 가능하며, 상대를 이해하는 힘을 키울 수 있을 것이다.

내가 입을 열지 않는 이유

인간관계에서 "그걸 몰라요?"라거나 "어떻게 이것을 보고 그렇게 떠올릴 수 있어요?" 또는 "지금 그쪽 혼자만 잘못 생각하고 있는 것 같은데요" 등의 반응을 상대가 보일 때 사람들은 무안해 하고 민망해진다.

우리는 제시된 대상에 대해 다수와 다르게 생각하여 상이한 답변을 하는 것에 대한 두려움이 있다. 왜냐하면 사람은 자신의 체면을 차리고자 하는 욕구가 있기 때문이다. 개인은 자신만 다수와 다른 답변을 했을 때 무안함, 민망함, 나만 틀렸다는 패배감 등을 느끼기도 한다.

그러나 개인이 기억하고 있는 지식과 정보의 범위가 다르기 때문에 묻는 질문에 대해서는 정답이 없음에도 불구하고 자신의 답변이 대중과 다르다면 자기가 틀렸다고 생각하여 의사 교류의 적극성이 떨어지는 경우가 많다.

이러한 상황이 반복될 경우 개인은 답변을 회피하려고 한다. 특히, 질문이 능력 검증이나 정보에 대한 확인을 목적으로 한다면 회피 성향은 더욱 강해진다. 최근 이슈가 되고 있는 사건, 패션 트렌드, 시사 등의 지식과 정보가 부족하면 그에 대해 떠올리기 힘들다. 이때 개인은 지식과 정보가 부족하여 대상에 대해 명확하게 설명할 수 없는 상태를 상대에게 노출되지 않게 하고자 답변을 회피하는 것이다.

이처럼 자신의 지식과 정보를 기반으로 형성한 대상을 상대와 교류해야 할 때 '오답'에 대한 두려움이라는 부정적 매그넛(MAGNET)으로 인해 표현을 적극적으로 하지 못할 수 있다. 특히, 타인을 많이 의식하는 사람일수록 이와 같은 현상이 강하게 나타날 수 있다. 따라서 보다 원활한 인간관계를 원한다면 이러한 부정적 매그넛(MAGNET) 현상이 강하게 나타나지 않도록 상대의 정보, 지식 등을 배려하여 상대를 당황스럽게 하는 질문을 줄여볼 필요가 있겠다.

긍정적이어도 부정적일 수 있다!

대상이 한 집단에서 긍정적인 인상을 형성했다고 해서 다른 집단에서도 그러할 것이라고 장담할 수 없다. 왜냐하면 집단 내 교류하고 있는 지식과 정보가 다르기 때문이다. 예를 들어 채식을 하는 사람은 채식주의 집단에서 굉장히 좋은 인상을 형성할 것이다. 채식주의자는 육식에 대한 지식과 정보를 부정적으로 기억하고 있는 반면 채식에 대해서는 긍정적으로 기억하고 있기 때문이다.

그러나 육식을 하는 사람이 채식주의자를 봤을 때는 부정적인 매그넛(MAGNET) 현상이 나타날 수도 있다. 육식을 하는 사람은 균형 잡힌 영양섭취와 육식을 통해 적절한 단백질 섭취가 필요하다고 생각하기 때문에 채식만 고집하는 것은 건강에 좋지 않다고 생각할 수도 있기 때문이다.

집단이 교류하는 지식과 정보의 다름으로 인해 대상을 다르게 기억하는 현상은 일상에서 빈번하게 일어나고 있다. 일명 '패션 피플'이라고 불리는 사람들이 '멋있다', '센스가 넘친다' 등으로 칭찬한 패션을 일반 대중들이 봤을 때 동의하지 못하는 것도 이러한 현상의 예라 할 수 있다.

패션에 대한 정보가 많고 디자인의 예술성이나 특별함에 대해 논하는 집단에서는 그들이 갖고 있는 지식과 정보를 바탕으로 의상을 판단하여 '멋진 옷'이라는 평가를 하겠지만 그 의상에 대한 지식과 정보가 부족한 일반 대중들에게는 그저 난해하고 일상에서 소화할 수 없는 '이상한 옷'일 뿐이다.

이처럼 똑같은 대상도 그것을 받아들이는 집단이 교류하고 있는 지식과 정보의 범위에 따라 다르게 끌어당기게 되는 매그넛(MAGNET)을 이해하고 무조건 우월하거나 열등한 것은 없다는 것을 인지하여 이 같은 오류를 범하지 않도록 유의해야 할 것이다.

지식 습득의 욕구가 높아지는 이유

우리는 인간관계를 할 때 의사소통이 원활하게 이뤄지기를 기대한다. 그러나 환경, 연령, 성별, 직업, 문화, 지식 등이 개인마다 다른 이유로 인간관계에서 원활한 소통이 어렵고 이로 인해 상대와 갈등을 겪게 된다.

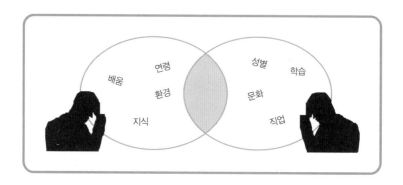

타인과 원활한 소통을 하기 위해서는 서로 공감대를 형성하는 것이 중요하다. 상대가 제시하는 대상에 대해 분명하게 떠올릴 수 있을 때 상대의 말을 이해할 수 있으며 서로 공감대를 형성할 수 있다.

앞에서 밝힌 바와 같이 개인은 자신이 축적한 지식과 정보의 범위를 기반으로 하여 대상을 떠올릴 수 있다. 따라서 지식과 정보가 부족하면 상대가 지칭하는 대상에 대해 쉽게 떠올릴 수 없으며, 이는 곧 소통의 부재를 낳을 수밖에 없다.

이러한 이유로 사람들은 자신의 인지 범위를 넓히고 지식을 쌓고자 다양한 노력을 한다. 타고난 환경의 차이로 인해 발생한 개인의 정보 범위 차이를 극복하기 위해 지식을 쌓으려는 것이다. 우리는 오늘도 뉴스, 방송, 책, 교육 등을 통해 정보를 습득하고 있으며 개인이 습득한 방대한 지식과 정보는 상대와의 소통에서 상대가 말하는 대상을 자동적으로 떠올리게 하는 매그넛(MAGNET) 현상의 원천이 될 것이다.

이질적 시점에서 빛나라!

자신의 지식과 정보를 기반으로 형성된 매그넛(MAGNET)의 영향력은 이질적 시점에서 그 힘이 발휘된다. 즉, 타인과 다르게 대상을 떠올린 순간에 영향력이 발휘된다는 것이다.

대부분의 사람들은 상대와 활발한 교류가 있지 않을 때 자신의 정보가 부족하다는 것을 자각하지 못한다. 그뿐만 아니라 지식 습득의 욕구 역시 강하게 일어나지 않는다. 그 이유는 자신이 생각하는 부분이 정답이자 모든 이들도 자신과 같이 생각할 것이라 생각하기 때문이다. 예를 들면 '등 푸른 생선'하면 '고등어'를 떠올린 사람이 누구나 '고등어'를 떠올릴 것이라고 생각한다는 것이다.

그러나 타인과 대상에 대한 생각을 교류했을 때 상대가 나와 다르게 생각할 수도 있다는 것을 인지하면서 사람마다 자라온 환경과 습득된 지식에 의해 자동적으로 끌려지는 매그넛(MAGNET) 현상을 겪게 된다는 것을 알게 되고, 자신이 생각하는 것이 정답이 아닐 수 있다는 것을 인정하게 된다. 등 푸른 생선은 고등어만 있는 것이 아니다. '정어리'가 유명한 지역에 사는 사람은 '고등어'보다 '정어리'를 먼저 떠올릴 수 있다는 것을 인정하게 되는 것처럼 말이다.

타인과 생각을 교류하는 과정에는 자신이 상상할 수조차 없는 대상이 있다는 것을 깨닫게 된다. 상상할 수 없는 대상을 인지하는 것은 매우 중요하다. 자신이 습득해야 하는 정보의 범위를 알 수 있으며, 그에 따라 지식을 획득하려는 욕구가 향상되기 때문이다.

이처럼 대상에 대해 상대와 다르게 떠올리거나 상상할 수조차 없을 때 매그넛(MAGNET)의 영향력이 발휘된다. 자신이 모르는 대상에 대해 상상하는 것을 두려워하지 말고 열린 마음으로 상대와 생각을 교류한다면 지식 획득 욕구가 향상되는 긍정적 매그넛(MAGNET)의 효과를 극대화할 수 있을 것이다.

매그넛(MAGNET) 극복 Tip

개인의 지식과 정보를 기반으로 형성된 매그넛(MAGNET)은 주관성을 가진다. 이로 인해 개인은 대상을 대중과 다르게 떠올릴까봐 민감한 반응을 보이게 된다. 특히, 상호 지식의 범위가 다른 상태에서 대상에 대해 생각할 때 불안감은 더욱 커질 수 있다.

이러한 문제를 예방하려면 '의견 존중의 태도'를 갖추기 위한 노력이 필요하다. 개인이 알고 있는 지식의 정도나 생활의 환경 등이 다르므로 대상을 생각할 근거가 되는 지식과 정보의 범위가 다른 것은 당연하다.

다음의 활동지의 그림자를 여러 사람과 함께 보고 어떤 대상을 떠올렸는지, 왜 그러한 대상이 떠올랐는지 함께 상의해 보라. 근거가 되는 지식과 정보가 상대와 다르다는 것을 알 수 있을 것이다.

Step8. 매그넛(MAGNET)의 근거 발견

나의 경험 체크리스트

개인의 지식과 정보를 기반으로 형성된 매그넛(MAGNET)이 우리의 일상 속에서 얼마나 빈번하게 영향을 미치는지 다음의 체크리스트를 통해 점검해 볼 수 있다.

문항	내용	체크
1	빨간색을 보고 붉은 악마를 떠올린 적이 있다.	
2	오타가 있는 문장을 자연스럽게 읽은 적이 있다.	
3	멀리 있는 사람을 친구로 착각한 적이 있다.	
4	한 번 인식한 길을 더 쉽게 찾은 적이 있다.	
5	캐러멜 모양의 지우개를 입에 넣은 적이 있다.	
6	여치를 보고 메뚜기라고 착각한 적이 있다.	
7	확실하지 않은 내용을 접했을 때 불안하다.	
8	타인과 다른 답변을 할까봐 망설인 적이 있다.	
9	수박씨를 보고 벌레로 착각한 적이 있다.	
10	연필 모양의 화이트로 글을 써보려 한 적이 있다.	
11	X를 보고 특정 명품을 떠올린 적이 있다.	
12	프랑스어를 영어로 발음한 적이 있다.	
13	에어컨 리모컨으로 TV를 켜보려 한 적이 있다.	
14	외국인에게 무조건 영어로 말을 건 적이 있다.	
15	투명한 액체를 보고 알코올을 떠올린 적이 있다.	

문항을 체크했다는 것은 대상을 자신이 알고 있는 지식과 정보에 근거하는 매그넛(MAGNET)에 의해 생각하고 있다는 것을 의미한다.

다흰이와 함께하는 MAGNET

우리의 생활 속에서 일어나는 매그넛(MAGNET)을 다흰이들과 함께 살펴볼까요?

상대와 소통할 때 개인이 습득한 지식과 정보를 기반으로 한 매그넛 (MAGNET)에 의해 대상을 떠올리고 대상에 대해 생각한다는 것, 꼭 기억하세요!

CHAPTER 09
'시각의 힘'

∞가상현실 속에서 무의식을 지배하라!

09

·
·
·

∞가상현실 속에서 무의식을 지배하라!

매그넛은 함축된 메세지 전달 매체의 역할을 한다.
메세지를 함축한 매그넛은 상징성을 갖는다.
상징성을 띤 매그넛은 개인의 행동을 촉구할 수 있다.

함축된 전달 매체, 이미지로 인한 매그넛(MAGNET)

우리는 주위의 수많은 이미지에 노출되어 있다. 이미지는 기호, 로고, 캐릭터 등 다양한 형태와 색으로 이루어져 있으며 상대에게 인지시키고자 하는 메세지를 함축시켜 전달하는 역할을 한다.

메세지를 함축한 이미지는 대상을 자동적으로 끌어당기는 매그넛을 강화시키는 상징성을 갖는다. 개인이 상징성을 띤 이미지를 인지하는 순간 그 속에 함축된 메세지를 해석할 수 있으며, 이 메세지는 개인의 행동에 변화를 일으킨다. 즉, 상징적 이미지는 개인이 그 속에 담겨 있는 의미에 적합한 반응을 하도록 강력한 매그넛(MAGNET)을 만든다는 것이다.

아래의 이미지는 각각의 상징성을 갖고 있다. 누구나 이 상징이 갖는 의미에 따라 행동한 경험이 있을 것이다.

　사람들은 장소를 찾을 때 상징적 이미지에 많이 의존한다. 복잡한 골목에서 주차장을 찾을 때 운전자에게 가장 도움이 되는 것은 구구절절한 설명이 아닌 'P'가 표기된 주차장 마크이다.

　다음의 설문조사를 통해 얼마나 많은 사람들이 장소를 찾거나 제품을 구분할 때 강력한 매그넛(MAGNET)이 있는 상징적 이미지에 의존하고 있는지 알 수 있다.

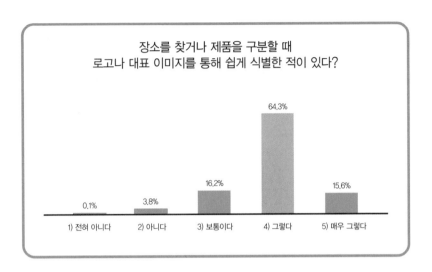

장소를 찾거나 제품을 구분할 때
로고나 대표 이미지를 통해 쉽게 식별한 적이 있다?

64.3%

16.2%

15.6%

3.8%

0.1%

1) 전혀 아니다   2) 아니다   3) 보통이다   4) 그렇다   5) 매우 그렇다

설문조사 결과, 로고나 대표 이미지를 통해 장소를 찾거나 제품을 구분한다는 응답이 79.9%였으며 그중 매우 그렇다는 응답이 15.6%였다. 그렇지 않다는 응답은 3.9%였다. 이를 통해 매그넛(MAGNET)이 강한 상징적 이미지가 많은 사람들의 일상 속에서 활용되고 있음을 확인할 수 있다.

횡단보도에 빨간불이 켜지면 건너지 않고 멈춰 서는 것, 화재가 발생했을 때 비상구 표식을 보고 출구를 찾는 것 등 상징적인 이미지는 주변의 소소한 부분뿐만 아니라 긴급한 상황에서도 강력한 매그넛(MAGNET)으로 사람들을 끌어당기고 있다.

이처럼 매그넛이 강한 상징적 이미지는 개인의 행동을 촉구하거나 생각을 결정 짓게 하는데 중요한 역할을 한다.

지속적인 노출의 힘

강력한 매그닛(MAGNET)을 지닌 상징적인 이미지를 형성하는 방법은 아주 단순하다. 바로 대상과 관련된 정보를 지속적으로 노출시키는 것이다. 노출시킬 정보는 로고가 될 수도 있고 마스코트나 표식, 문구 등 다양한 콘텐츠 중 선택할 수도 있다. 형상이 아닌 CM송과 같은 방법으로도 상징성을 만들 수 있다.

제시된 이미지를 보라. 떠오르는 대상이 있는가?

자료제공 S-oil

아마도 특정 주유소가 떠오를 것이다. '좋은 기름이니까!'라는 문구는 CM송으로 만들어져 대중에게 기억되어 있으며, 마스코트와 로고 역시 광고나 길거리에서 지속적으로 노출되어 해당 주유소를 의미하는 상징성을 갖게 되었다.

이러한 상징성으로 인해 사람들은 '좋은 기름이니까!'라는 문구, 마스코트, 로고 셋 중 하나만 인지하더라도 바로 해당 주유소를 떠올릴 수 있다. 그뿐만 아니라 좋은 기름이 있는 주유소라는 강력한 매그닛(MAGNET)으로 주유가 필요한 사람들을 끌어당기고 있다.

이처럼 자신의 가치를 기억시키고자 하는 대상이 있다면 다양한 수단을 통해 지속적으로 대상에게 노출시켜 강력한 매그넛(MAGNET)을 갖춘 상징적 이미지를 구축하는 것이 보다 효율적인 방법일 것이다.

마음속 깊이 기억되는 방법

개인이 상대에게 자신을 기억시키고자 할 때도 매그넛(MAGNET)이 강한 상징성을 이용할 수 있다. 상징성이란 사전적으로 추상적인 대상이나 개념, 관념 등을 구체적인 사물로 나타내는 성질을 의미하는데, 개인이 이러한 상징성을 갖게 되면 타인과 차별화된 자신만의 가치를 보다 쉽게 형성할 수 있다.

'메뚜기' 하면 누가 떠오르는가? '피겨 스케이트' 하면 누가 떠오르는가? 대부분의 사람들이 유재석과 김연아를 떠올렸을 것이다. 유재석은 자신이 메뚜기와 닮았다는 것을 인지한 후 방송에서 지속적으로 메뚜기 춤과 메뚜기 탈을 쓴 모습을 보여줬다. 김연아는 피겨 스케이트 대회가 있을 때마다 출전해 훌륭한 모습을 보여줬으며 피겨 스케이트 역사에 새로운 획을 그었다. 이처럼 동일한 자신의 가치를 지속적으로 대중에게 노출시키고 그것이 대중에게 인상적으로 각인되었을 때 마음속 깊이 기억된 가치는 자신을 대표하는 상징이 된다.

사람들은 매그넛(MAGNET)으로 인해 상징성을 갖고 있는 대상을 그렇지 않은 대상보다 쉽게 떠올린다. 이 때문에 기업이나 국가는 대중에게 자신들만의 가치를 쉽게 기억시킬 수 있도록 로고, 마스코트, 브랜드 컬러 등을 만들어 모든 제품, 광고, 매체 등에 지속적으로 노출시킨다. 노출된 가치는 사람들의 무의식 속에 각인되고 추후 상징화된 대상을 봤을 때 자동끌림 현상인, 매그넛(MAGNET)이 되어 쉽게 특정 대상을 떠올릴 수 있게 한다.

당신도 누군가에게 오랫동안 기억되는 사람이 되고 싶은가? 그렇다면 오늘부터 자신만의 상징성을 구축하기 위한 노력을 해야 할 것이다.

상징성을 구축하기 위해 다음의 활동지를 작성해 본다면 자신을 분석할 수 있을 것이며, 타인과 차별화되는 자신만의 특징을 찾아낼 수 있을 것이다.

나만의 상징성을 만들자!

1. 당신의 직업은 무엇인가?
2. 가장 좋아하는 색상은 무엇인가?
3. 당신의 성격은 어떠한가?
4. 특별히 좋아하는 모양이 있는가?
5. 롤 모델이 누구인가?
6. 당신의 강점은 무엇인가?
7. 얼굴의 특징은 무엇인가?
8. 신체적 특징은 무엇인가?
9. 나만이 할 수 있는 일은 무엇인가?
10. 상대에게 어떻게 기억되고 싶은가?
11. 외형적으로 나타나는 상징을 만들고 싶은가?
12. 11번 문항에 대해 구체적인 방안을 구성해 보자(메이크업, 헤어, 패션, 행동 등).

스스로 발견한 자신만의 독특한 개성을 지속적으로 노출시킬 방법에 대한 계획을 세우고 꾸준히 실천한다면 분명 당신만의 멋진 상징성으로 많은 사람들을 끌어당기는 매그넛(MAGNET)을 경험할 것이고, 상대에게 오랫동안 기억될 것이다.

각인된 상징성이 갖는 매그넛(MAGNET) 힘

상징성은 제품 시장에서 그 영향력을 더욱 발휘한다. 앞서 거론했던 허니버터칩은 사회적으로 노출된 정보가 많은 사람들에게 긍정적으로 각인되어 최고의 붐을 일으킨 과자이다.

그런데 허니버터칩으로 인해 재밌는 현상이 발생했다. 사회가 만든 이 과자가 맛있는 과자의 상징이 됨으로써 과자 시장에 엄청난 변화가 일어난 것이다.

과자의 제품명에 사용된 '허니'와 '버터'가 맛있는 과자를 상징하는 재료로 각인되면서 이를 벤치마킹하는 업체가 줄줄이 생겨났다. 이는 허니버터칩을 통해 형성된 상징성의 긍정 효과를 그대로 이어받고 강력한 매그넛(MAGNET)을 만들기 위함이다.

실제로 많은 기업들이 '허니 머스터드', '허니 앤 버터', '허니 맛 통감자' 등으로 맛 표기를 함으로써 허니버터칩이 형성한 맛있는 과자의 상징성을 이용하고 있다. 사람들은 '허니'와 '버터'의 상징성 즉, '맛있는 과자'라는 매그넛(MAGNET)으로 인해 유사제품을 긍정적으로 받아들이고 쉽게 구매한다.

이처럼 상징성은 시장과 대중이 자동적으로 끌려오게 하는 강한 매그넛(MAGNET)을 형성하여 사람들의 선택과 행동의 변화를 일으키는 만큼 거대한 영향력을 갖고 있다.

상징이 된 것과 다른 대상의 괴리감

사람들은 오래전부터 익숙하게 봐온 것을 쉽게 기억한다. 그리고 익숙한 대상은 유사한 분야의 대표적인 상징으로 대중에게 각인된다. 지금부터 기억되어 있는 바나나맛 우유를 떠올려 보라. 많은 사람들이 아래의 바나나맛 우유를 떠올렸을 것이다.

바나나맛 우유의 상징성
1. 음료는 노란색
2. 단지 형태의 통통한 용기
3. 전체적으로 둥글고 바나나와 유사한 색상

바나나맛 우유의 종류는 무수히 많은데도 대표적인 제품을 떠올릴 때 우리는 가장 익숙하고 오랫동안 봐온 것을 무의식적으로 떠올린다. 이것이 필자가 말하는 강력한 매그넛(MAGNET)으로 인해 나타나는 현상이다.

대표하는 상징성과 유사점이 없는 제품은 대중에게 낯선 느낌을 주어 기억되기 힘들다. 투명하고 날씬한 용기에 흰색 음료가 담겨 있던 제품이 통통하고 노란 용기로 바뀐 것을 그 예로 들 수 있다. 이처럼 상징성으로 인한 매그넛(MAGNET) 현상으로 인해 후기 생산자는 제품 구성 시 초기 상징이 된 제품을 완전히 배제하기는 어려울 것이다.

일관성이 있어야 하는 이유

전달하고자 하는 내용이 일관성이 없을 경우 개인의 머릿속에 기억되기 힘들 뿐만 아니라 상징성을 갖기 어렵다. 당연히 매그넛(MAGNET) 현상도 일어나지 않는다.

'짜장라면'하면 아래의 제품이 대표적으로 떠오를 것이다. 그런데 아래의 3가지 사진을 잘 살펴보라. 제품의 특성이나 먹는 형태에 따라 겉포장이 조금씩 다르다.

그러나 제품명의 위치와 글씨체, 제품 사진의 위치, 업체명과 로고의 배치 등 일관성 있게 구성된 특징을 발견할 수 있다. 이처럼 일관성을 두는 이유는 같은 대중에게 동일한 '짜장라면'이라는 상징성을 유지하기 위해서이다. 진정으로 매그넛(MAGNET)의 영향력을 알기에 가능한 노력이다.

아래의 사진은 28년만에 제품 디자인을 새롭게 변화시킨 사례이다. 이 제품이 갖는 얼큰하고 매운맛에 대한 상징성은 거의 바뀌지 않은 것을 확인할 수 있다. 이처럼 강력한 매그넛(MAGNET) 현상을 활용하기 위해서는 제품이 상징성을 유지해야 하며, 일관성이 있어야 가능함을 간과해서는 안 될 것이다.

도대체 온천장을 찾을 수가 없네

"이쯤에서 나와야 되는데... 왜 안 보이는 거야?" "잘 찾아봐. 빨간색 온천 마크 안 보여?"

"나도 계속 그걸 찾고 있는데 안 보여... 이상하네..." "혹시 없어진 거 아니야?"

"아니야! 얼마 전에 친구가 다녀왔다고 했어."

많은 사람들이 2008년도부터 이와 같은 혼란을 겪었을 것이다. 그 이유는 온천 마크가 완전히 새롭게 바뀌었기 때문이다.

기존의 온천 마크는 타원에 세로줄이 세 개 있는 형태로 빨간색이었다. 그런데 온천 마크가 일반 목욕탕, 숙박업소 등과 구별되지 않게 사용되면서 온천장을 정확히 인지하기가 어렵다는 문제가 발생했다. 그래서 온천장을 명확하게 구분하고자 새로운 로고를 만들었다.

지금은 새로운 로고가 온천장을 대표하는 상징이 되었지만 그 과도기에서 기존 온천 마크와 너무 다른 새로운 로고로 인해 많은 사람들이 혼란을 겪었다. 이처럼 오랫동안 각인된 상징성에 변화를 줄 때는 혼란이 발생하여 부정적 매그넛(MAGNET) 현상이 일어날 수 있으니 주의가 필요하다.

상징성에 의한 착각과 오해

1970년대~1990년대에 펩시콜라를 처음 접한 사람들 중에는 이 제품이 우리나라 제품이라고 착각했던 경험이 있을 것이다. 그 이유는 펩시콜라의 로고가 우리나라 태극기의 태극문양과 많이 닮았기 때문이다. 이로 인해 사람들은 그 당시 펩시콜라가 미국 회사의 제품이었음에도 불구하고 '국산 콜라'라는 인식을 갖게 되었다.

현재 펩시콜라는 로고가 바뀌어 예전 로고만큼 혼란을 주지는 않지만 아직도 주위의 어르신들 중에는 여전히 펩시콜라가 우리나라 제품인 줄 오해하고 있는 분들도 있다.

이처럼 상징성은 대상을 착각하게 하거나 상징이 갖는 의미를 왜곡시킬 수도 있으며, 상징적인 의미가 평소 자신이 알고 있던 것과 다를 수 있다. 이러한 상황을 현명하게 대처하기 위해서는 세대, 지역, 국가 등 환경적인 변화에 따라 상징적 의미 속에 함축된 메세지가 다르게 해석될 수 있다는 부분을 고려해야 한다. 따라서 부정적인 매그넛(MAGNET)에 흔들리지 않으려면 상징성만으로 대상을 해석하고 판단하지 않도록 주의가 필요하다.

상징성으로 인한 매그넛(MAGNET)이 갖는 착각의 힘

당신이 운전하는 중 눈앞에 다음과 같은 상황이 펼쳐졌다. 어떤 행동을 할 것인가?

대부분의 사람들은 브레이크를 밟고 속도를 줄일 것이다. 하지만 카메라 보호 박스 안에 과속 단속 카메라가 설치되어 있지 않거나 작동하지 않는 경우가 있는데도 카메라 형태를 접했을 때 속도를 줄이는 사람들도 있다. 이처럼 상징성을 통해 매그넛(MAGNET)을 활용한다면 경제적 효율성과 사람들의 행동 변화까지 동시에 꾀할 수 있다.

상징성이 부르는 범죄

강력한 매그넷(MAGNET)을 지닌 상징성이 개인의 무의식에 발휘하는 영향력은 실로 대단하다. 개인이 대상을 인지할 때 상징이 갖는 의미가 긴장이나 경계를 해소시킬 뿐만 아니라 무조건적인 믿음을 갖게 할 수도 있다.

지난 2014년 9월, 경기도 분당에서는 30대 남성이 택배기사를 가장해 수령인 집으로 들어가 혼자 있던 임산부를 폭행한 후 금품을 갈취한 사건이 있었다. 임산부는 남성이 택배기사 복장을 하고 있었기 때문에 의심 없이 문을 열어줬고 가해자는 쉽게 범행을 저지를 수 있었다.

이 외에도 쉽게 상대의 믿음을 살 수 있는 직업을 사칭한 범죄가 점점 늘어나고 있다.

뉴스 정확도 | 최신   1-10 / 약 27,600건 관련기사닫기

'직접 만나 감독 기관 사칭' 신종 전화금융사기 일당 검거 1시간전 | KBS | 미디어다음
금융당국을 사칭하며 피해자들을 직접 만나 돈을 챙겨 달아나는 신종 수법의 전화금융사기 일당이 붙잡혔습니다. 경기 과천경찰서는 전화 금융사기를 벌인 혐의로 58살 최 모 씨 등 두 명을 ...

[사건] 금감원 직원 사칭 보이스피싱 일당 4시간전 | 중앙일보 | 미디어다음
보이스피싱(사기 등) 혐의로 조선족 최모(58)씨... 를 뗀 나머지를 송금했다. 수법은 이랬다. 우선 중국총책 A씨가 피해자들에게 검찰을 사칭해 전화를 ...

'검찰·금감원 직원 사칭' 보이스피싱 사기단 검거 4시간전 | 경기방송
'금감원 직원에게 돈 건네라' 보이스피싱 사기단 검거 4시간전 | SBS | 미디어다음
금감원 신분증과 서류 위조해 보이스피싱 사기극 펼친 일당 검거 4시간전 | 세계일보 | 미디어다음
관련기사 7건

중국 광저우 원정 보이스피싱 콜센터 조직 검거 5시간전 | SBS | 미디어다음
경기 의정부경찰서는 텔레마케터를 사칭해 전화금융사기를 벌인 혐의로 35살 김 모 씨 등 5명을 사기혐의로 구속했습니다. 이들은 중국 광저우에 콜센터...

'캐피탈 사칭' 중국 보이스피싱 광저우콜센터 조직' 검거▲ 4시간전 | (주)미디어인천신문
의정부경찰서 중국 광저우 원정 보이스피싱 조직 검거 4시간전 | 경원일보
'캐피탈 사칭' 중국 원정 보이스피싱 조직 검거 6시간전 | 국제뉴스
관련기사 6건

자료 http://media.daum.net/

이제는 강력한 매그넷(MAGNET)을 기억하고 자동으로 끌어당기는 상징이 갖는 힘을 인지하여 대상의 실체를 정확하게 판단하기 위한 주의가 필요하다.

상징 오류의 위험성

사람들은 머릿속에 각인되어 있는 상징성에 많은 부분을 의존하고 산다. 당신은 아래의 사진을 보고 어떠한 행동을 할 것인가?

운전 중 왼쪽의 이미지를 본다면 '우회전'이라는 글씨가 적혀 있음에도 불구하고 강하게 끌어당기는 매그넛(MAGNET)의 영향으로 인해 화살표로 시선이 끌려졌을 것이고 화살표가 뜻하는 상징으로 인해 무의식적으로 좌회전을 할 것이다. 또한, 왼쪽의 이미지를 화장실 앞에서 봤을 때 'MAN'이라는 글씨보다 여성을 상징하는 대표적 이미지가 매그넛(MAGNET) 현상에 의해 먼저 인식되어 여성은 아무 의심 없이 들어갈 것이며, 남성은 스쳐 지나갈 것이다.

이처럼 실체가 상징하는 의미와 다르게 사용되었을 경우 매그넛(MAGNET)으로 인해 행동 오류의 원인이 될 수 있으며, 사회적으로 혼란을 일으킬 수 있다. 따라서 대상의 상징적인 통상적 의미를 인지하여 바람직한 매그넛(MAGNET) 현상이 발현될 수 있도록 용도에 적합하게 사용해야 한다.

상징성과 추억 = 강력한 매그넛_(MAGNET)

상징성은 함축된 메세지뿐만 아니라 한 시대의 추억을 떠올리게 하는 힘이 있다. 제시된 사진을 보면서 상징성에 함축된 추억을 떠올려보자.

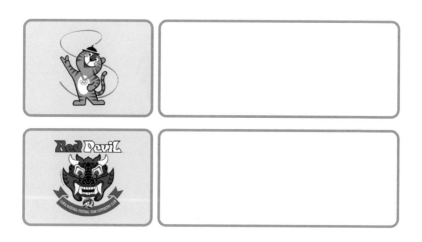

당신의 머릿속에 기억되어 있는 하나의 상징적 대상일 뿐인데 이것과 관련된 무수히 많은 추억이 떠오를 것이다. 그것도 아주 생생하게 말이다. 이것이 바로 상징성이 갖는 강력한 매그넛_(MAGNET)이다.

마치 타임머신을 타고 과거 여행을 하는 듯 우리는 강력한 매그넛_(MAGNET)에 이끌려 추억을 떠올리고, 동시간대에 머릿속에서 다양한 순간들을 재생시킨다. 이것은 로봇이 아무리 진화한다 해도 좇을 수 없는 우리 인간만이 갖고 있는 능력이다.

상상하는 그 순간, 그곳에서의 추억, 향기 등에 자동적으로 끌려지는 매그넛_(MAGNET)은 아주 강력하다. 그것이 아름답고, 즐겁고, 행복했다면.. 그렇기에 우리는 아주 짧은 찰나라도 서로에게 행복한 추억으로 남아야 하지 않을까..

각인의 시점에서 빛나라!

메세지를 함축한 상징성은 각인의 시점에서 영향력을 발휘한다. 아무런 특징도 없는 대상이 매번 다른 모습으로 나타난다면 상대의 머릿속에 기억되기 어렵다. 만약 어떠한 특징이 있다 하더라도 일회성으로 노출된 대상은 수일이 지나면 기억에서 사라지기 마련이다.

우리의 머릿속에 또렷한 상징으로 기억되어 있는 대상을 떠올려 보라. 그 대상은 명확한 특징을 바탕으로 TV 광고, CM송, 카피라이터, 온라인, 블로그, SNS 등 수많은 방법을 통해 우리의 생활 속에서 지속적으로 노출하고 있을 것이다.

이처럼 대상을 상대에게 오랫동안 기억시키기 위해서는 독특한 상징성을 구축해야 한다. 그리고 상징성을 가진 대상을 지속적으로 노출해야 한다. 지속적인 노출은 상징적인 가치를 상대에게 각인시키는 데 가장 효과적인 방법이다.

상징적인 가치가 대중에게 깊이 각인되어 유사한 대상을 대표할 때 비로소 강한 매그넛(MAGNET)이 일어나 이를 모방하는 후발자가 발생할 수 있다. 반면, 대상이 구축한 상징성이 힘을 갖게 되었을 때 그것을 악용하는 자들도 생겨날 것이다. 그러나 대상이 갖는 고유한 특성을 명확히 하고 대상의 상징성을 무분별하게 수용하는 대신 정확하게 확인하는 습관을 가진다면 상징적으로 인해 형성된 부정적인 매그넛(MAGNET) 영향력을 최소화하고 긍정적인 효과를 보다 극대화할 수 있을 것이다.

현실과 가상 속에서 우리는 많은 것들을 경험하게 된다. 그 경험들 속에서 자신만의 브랜드가 필요한데 이를 위해선 자신을 대표할 만한 상징이 있어야 하며, 그렇게 형성된 상징적 의미를 꾸준하게 노출시킬 수 있는 지혜가 필요하다. 무의식을 지배하는 자가 브랜드가 되어간다. 스스로가 브랜드가 되었다면 비로소 시각적으로 인해 자동적으로 끌려지는 매그넛(MAGNET)이 발현할 것이다.

매그넛(MAGNET) 극복 Tip

상징성은 대상을 판단하고 인지하는 기준이 된다. 익숙한 상징성에 대해 우리가 알고 있는 의미로 해석하고 의심 없이 받아들이게 되면 부정적인 매그넛(MAGNET)으로 인해 이를 이용한 불미스러운 일이 계속해서 발생할 수 있다.

사람들은 경찰 복장을 하고 있으면 한치의 의심도 없이 그의 지시에 응한다. 경찰 신분을 확인한 후 그의 요구에 따라도 늦지 않는데 말이다. 이처럼 강력한 매그넛(MAGNET)을 지닌 상징성으로 인해 발생할 수 있는 문제를 예방하려면 '정확한 확인'이 필요하다.

아래의 활동지를 통해 상징성을 혼란 없이 기억할 수 있다. 이러한 연습을 바탕으로 관찰력과 기억력을 향상시킨다면 대상이 지닌 상징성을 왜곡 없이 판단하고 기억할 수 있을 것이다.

Step9. 정확히 인지하기

---

1. 소방관 마크를 그리고 그 특징을 서술하시오.

2. 경비원 마크를 그리고 그 특징을 서술하시오.

나의 경험 체크리스트

    상징성으로 인한 매그넛(MAGNET)이 개인의 일상 속에서 얼마나 빈번하게 영향을 미치는지 다음의 체크리스트를 통해 점검해 볼 수 있다.

문항	내용	체크
1	횡단보도에서 빨간색 신호를 보면 멈춰 선다.	
2	로고를 보고 특정 기업을 알 수 있다.	
3	'갈색병' 하면 떠오르는 화장품이 있다.	
4	HACCP 마크가 있는 제품은 안심이 된다.	
5	독특한 상징성으로 상대를 기억해 낸 적이 있다.	
6	로고 덕분에 커피숍을 빨리 찾은 적이 있다.	
7	5성급 호텔은 믿음이 간다.	
8	앞차가 방향 지시 등을 켜면 거리 조절을 한다.	
9	위생업체 마크가 있는 점포가 더 믿음이 간다.	
10	개그맨 중 '메뚜기' 하면 '유재석'이 떠오른다.	
11	유기농 식품이 더 몸에 좋은 식품이라 생각한다.	
12	내비게이션이 안내하는 길은 의심하지 않는다.	
13	CM송을 따라 부르며 대상을 떠올린 적이 있다.	
14	도시가스 점검 시 쉽게 문을 열어준 적이 있다.	
15	검찰이란 단어에 문자 링크를 클릭한 적이 있다.	

    문항을 체크했다는 것은 지문을 읽는 동안 당신의 무의식 속에 상징성을 띠고 있는 대상을 떠올랐다는 것과 상징성으로 인한 강력한 매그넛(MAGNET)에 영향을 받았음을 의미한다.

다흰이와 함께하는 MAGNET

우리의 생활 속에서 일어나는 매그넛(MAGNET)을 다흰이들과 함께 살펴볼까요?

대상의 지속적인 노출을 통해 사람들은 상징적인 표지판의 의미를 인지하고 기억할 수 있다는 것, 잊지 마세요!

CHAPTER 10
'평판의 힘'

나만의 브랜드로 억대 N잡러 되기!

10

-
-
-

나만의 브랜드로 억대 N잡러 되기!

가치는 대상 스스로 만드는 것이 아니다.
대상의 가치는 상대에게 보인 후 형성된다.
대상의 매그넛을 형성하는 기준은 상대의 가치다.

가치는 형성하는 것인가?

현대사회는 '보고, 보이는 시대'라고 해도 과언이 아닐 만큼 시각적으로 인지되는 가치의 중요성이 커졌다. 자신만의 브랜드로 억대 가치를 만들어 내는 N잡러들을 보면 앞으로의 삶에서 무엇을 챙겨야 하는지 깨달을 수 있다. 필자는 탑(TOP)의 시대는 이미 지나갔다고 생각한다. 이제는 유일한 가치(Only Value)로 인해 자동적으로 끌려지는 매그넛(MAGNET)에 집중해야 한다. 보다 효과적으로 매그넛(MAGNET)을 활용하기 위해서는 인상 형성 체계의 양면성을 이해할 필요가 있다. 당신은 자신의 가치를 스스로 형성한다고 생각하는가? 그렇다면 지금부터 다뤄질 내용을 눈여겨봐야 할 것이다.

우리는 누구나 가치를 형성할 수도 있고 누군가에게 가치가 형성될 수도 있다. 자신이 대상을 평가할 때는 가치를 형성하는 것이고 상대에게 보이는 대상이 될 때는 가치가 형성되는 것이다. 결론적으로 모든 대상은 스스로 자신의 가치를 만들기도 하지만 대상을 인지하는 타인에 의해 가치가 형성되기도 한다는 것이다.

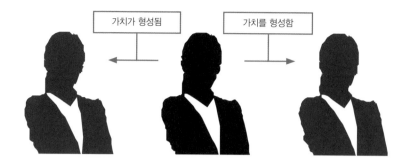

가치가 형성됨

가치를 형성함

이처럼 가치는 타인에 의해 형성되는 것이라는 특성이 있음에도 불구하고 개인은 자신이 전하고자 하는 가치를 그대로 이미지화하여 상대가 기억할 것이라고 생각한다.

다음의 설문조사를 통해 상대에게 비춰지는 자신의 이미지에 대한 인식을 알 수 있다.

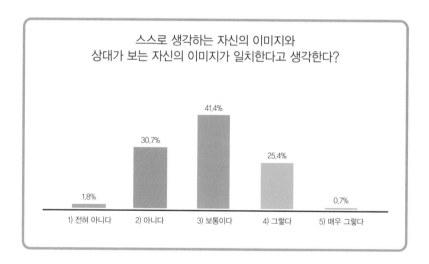

스스로 생각하는 자신의 이미지와
상대가 보는 자신의 이미지가 일치한다고 생각한다?

41.4%

30.7%

25.4%

1.8%

0.7%

1) 전혀 아니다　2) 아니다　3) 보통이다　4) 그렇다　5) 매우 그렇다

설문조사 결과에 따르면 스스로 생각하는 자신의 이미지와 상대가 보는 자신의 이미지가 일치한다고 생각한다는 답변이 26.1%, 일치하지 않는다고 생각한다는 답변이 30.7%로 나타났다. 일치 정도가 보통이라고 생각한다는 응답은 41.4%로 가장 높게 나타났다.

우리는 일상 속에서 이미지로 인해 타인의 오해를 사기도 하고 상대가 자신이 지향하는 바와 다른 이미지를 형성하는 경험을 한 적도 있다. 그럼에도 불구하고 설문조사의 결과처럼 자신이 생각하는 이미지와 상대가 보는 자신의 이미지가 일치할 것이라고 생각하는 사람들이 적지 않다.

이제는 자신의 가치가 반영된 이미지로 인해 형성되는 매그넛(MAGNET)이 상대의 기준과 평가에 의해 형성된다는 것을 인지해야 한다. 또한, 자신의 의도와 상관없이 타인에게 왜곡될 수 있다는 것을 인정하고 스스로 상대에게 올바른 가치를 전달하기 위해 노력해야 한다.

아래의 활동지를 통해 스스로 생각하는 자신의 가치와 타인이 생각하는 자신의 가치가 일치하는 정도를 알 수 있다. 여러 사람이 함께 참여하면 그 정도를 더욱 잘 알 수 있을 것이다.

먼저 '스스로가 생각하는 나' 란을 작성한다. 이후 포스트잇이나 종이로 자기가 작성한 것을 가린 후 다른 사람에게 '타인이 생각하는 나' 란을 작성하게 한다. 이때 타인이 본 자신의 가치에 대해 작성하도록 부탁한다.

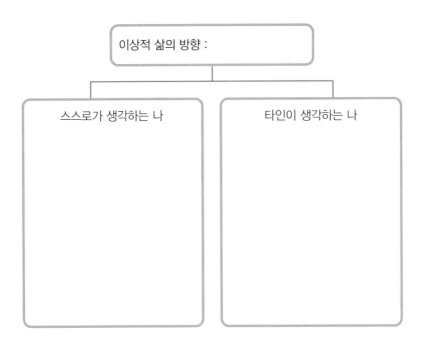

이상적 삶의 방향 :

스스로가 생각하는 나

타인이 생각하는 나

모든 사람의 작성이 완료되면 자신이 쓴 것과 비교해 본다. 두 가지가 일치하는 것은 동그라미로 표기하고 이어 본다. 일치하는 것이 많을수록 자신의 가치가 상대에게 왜곡되지 않고 전달되고 있음을 의미한다.

이때 이러한 일치가 이상적 삶의 방향 안에서 이뤄져야 한다. 자신이 추구하는 이상적인 방향은 '단아함'인데 타인이 보는 모습은 '귀여움'이라면 자신에 대해 왜곡되고 있음을 인지하고 바람직하게 관리하도록 지속적으로 노력해야 한다. 자신의 노력으로 타인에게 보여지는 모습, 자신이 지닌 가치 등 얼마든지 관리될 수 있으니 명확한 목표 아래 노력해 나가길 바란다.

아... 이렇게 부담스러울 수가...

"성대리, 이번 신메뉴 개발 프로젝트는 자네가 맡아서 한 번 기획해 보게." "네? 제가요?"

"그래, 자네가 딱이지! 내가 이때까지 성대리를 쭉 지켜봐왔는데 말이야. 뭐 나랑 직접적으로 일을 한 적은 없지만 참 성실하고 일을 야무지게 잘 할 것 같다고 전부터 생각했었네. 잘할 수 있겠지?"

"아... 네... 하.. 하하하 그렇게 봐주셔서 정말 감사합니다."

"하하하 그래, 자네만 믿겠네. 어디 한 번 멋지게 프로젝트를 완성해 보게." '아... 어떡하지... 기획하는 것은 자신 없는데... 도대체 뭐 때문에 나를 그렇게 생각하신 거지?'

사회생활을 하면서 이러한 상황을 겪어본 적이 있을 것이다. 상대로 인해 자신이 과대평가되거나 스스로 생각하기에는 크게 칭찬받을 일이 아닌 것 같은데 부담스러울 만큼 과한 칭찬을 받은 경험들 말이다.

이러한 상황이 발생되는 이유는 개인의 판단에 의해 대상의 가치가 형성되어 강한 매그넛(MAGNET)이 발현되었기 때문이다. 인상 형성 과정에서 대상의 능력, 가치, 업적, 성향 등을 개인의 기준에 맞춰 평가하기 때문에 실체에 비해 과대평가되기도 한다. 만약 당신이 상대에게 능력 밖의 일을 요구받았다면 상대가 당신을 '유능한 사람'으로 기억하고 있을 가능성이 높다. 타인이 형성한 긍정적 매그넛(MAGNET)은 개인의 책임감이나 리더십을 향상시키기도 한다. 따라서 타인의 평가를 긍정적인 방향으로 받아들인다면 자신의 성장에 도움이 될 것이다.

이들은 왜 욕을 먹는가

인터넷이나 SNS를 하다 보면 개인이 대상을 평가하여 적어놓은 댓글을 볼 수 있다. 다음의 내용처럼 대상을 응원하는 댓글이 있는가 하면 너무하다 싶은 악성 댓글도 심심찮게 접할 수 있다.

특히, 아나운서나 연예인과 같은 공인일수록 타인의 평가에 쉽게 오르내리게 된다. 그런데 악성 댓글이 적힌 대상의 기사나 사진을 보면 악성 댓글이 적힐 만큼의 객관적인 잘못을 발견하기는 어렵다. 오히려 아름답게 연출된 사진과 근황을 알리는 정도의 기사 글만 있을 뿐이다.

그러나 개인은 각자의 잣대로 대상을 평가하기 때문에 똑같은 대상을 보고도 위의 내용처럼 평가절하하는 댓글을 작성할 수 있다.

타인의 평가에 의해 평판이 형성될 때는 스스로를 관리했다 하더라도 그들의 가치관과 기준에 의해 부정적인 매그넛(MAGNET)이 형성될 수도 있다는 것을 인지해야 한다. 따라서 상대에 의해 형성된 매그넛 때문에 스스로 비관하거나 상심하기보다는 모든 사람의 가치관에 맞추는 것이 쉽지 않음을 인정하고 자신의 가치를 인지하기 위한 노력이 필요하다. 그리고 무엇보다 상대에게 자신의 진가를 일관적으로 전달할 수 있도록 노력해야 한다.

상대에게 무엇을 보여줄 것인가.

우리는 자신의 모습을 모든 사람에게 동일한 모습으로 노출시키지는 않는다. 그러나 자신을 보는 모든 사람에게 자신이 원하는 대로 기억되기를 기대한다.

다음의 제시된 대상에 대해 상상해 봐라. 이후 대상에 대해 판단되는 사항을 각 항목에 맞게 기입하고 그 이유를 상세하게 작성해 보라.

1. 연령대 :

2. 직군 :

3. 직급 :

4. 성격 :

5. 혈액형 :

다음은 이전과 동일 인물의 사진이다. 그리고 이 대상의 실제 정보는 다음과 같다.

1. 연령대 : 30대 후반
2. 직군 : 교육 및 컨설팅업
3. 직급 : 베리수 컨설팅 대표
4. 성격 : 이성적. 현실적. 꼼꼼함
5. 혈액형 : B형

외적인 부분은 대상에 대한 상대의 판단과 매그넛(MAGNET) 형성에 중요한 역할을 한다. 첫 번째 사진과 두 번째 사진이 주는 느낌은 분명히 다를 것이다. 자신의 가치를 상대에게 오해 없이 전달하고 긍정적인 매그넛을 형성하고 싶다면 상대에게 보이는 모습에 의해 형성될 자신의 가치를 신중히 생각해야 할 것이다.

'가치 있다'의 의미

개인의 판단으로 대상을 인지할 때 대상이 갖는 가치를 반영하게 된다. 즉, 대상이 기억되는 과정에서 개개인의 가치가 중요하게 작용한다는 말이다. 그러나 대상을 가치 있다고 판단하는 것은 타인이다. 즉, 그들이 가진 가치관에 의해 대상의 가치가 특별하게 또는 의미 없게 평가될 수 있다.

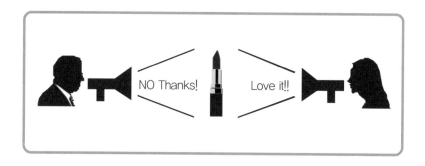

그림을 잘 그리는 사람이 필요한 집단에서 미대 출신에 공모전 수상 경력까지 있는 사람을 만난다면 '우리에게 꼭 필요한 사람'이라는 매그넛(MAGNET)을 형성할 것이다.

그런데 만약 당신이 '도시산업개발'을 위해 모인 조직에 '도시환경 조성'을 위한 계획안을 제시한다면 조직에서는 당신을 '도시개발을 방해하려는 사람'이라고 생각하여 부정적인 매그넛(MAGNET)을 형성할 수 있다. 당신이 도시환경을 개선할 수 있는 무궁한 능력을 가졌다고 해도 말이다.

이처럼 대상이 가진 가치는 그것을 받아들이는 상대에 따라 전혀 다르게 평가될 수 있다. 그러므로 외부로부터 받은 평가에 자만하거나 의기소침해지지 말고 상대가 자신이 가진 가치를 필요로 하는지 먼저 생각해 보는 자세를 갖는 것이 바람직하다. 이러한 노력이 당신에게 강력한 매그넛(MAGNET)을 불러일으킬 것이다.

첫인상도 뒤집을 수 있는 힘

개인이 대상의 첫인상을 형성할 때 소요되는 시간은 연구자마다 약간의 차이가 있지만 평균적으로 3초 정도이다. 대상의 시각적 구성물이 통합되어 하나의 상(像)을 형성하는 시간이 아주 짧은 찰나라는 말이다.

사람들은 첫 만남에서 호감적인 인상 형성에 실패한 경우 상대의 평가가 두려워 관계의 연장을 회피하려 할 때가 있다. 현대인들이 인간관계를 어려워하는 이유 중 하나도 바로 긍정 매그넛(MAGNET) 형성 실패에 대한 두려움이라고 할 수 있다.

대상의 가치를 인지할 때 첫인상이 지배적인 것은 사실이지만 상대에게 기억된 자신의 가치를 절대 바꿀 수 없는 것은 아니다. 개인의 판단에 의해 형성되는 매그넛 파워를 통해 상대에게 부정적으로 형성되었던 첫인상을 긍정적으로 변화시킬 수 있다. 즉, 대상의 가치를 형성하는 것은 대상 스스로가 아닌 상대라는 특성을 고려하여 자신이 만나게 될 상대의 성향이나 가치관에 대해 미리 인지한 후 행동한다면 자신의 매그넛(MAGNET)을 보다 긍정적으로 할 수 있다는 것이다.

이러한 노력은 상대와의 소통을 원활하게 해주고 대화를 매끄럽게 이어갈 수 있도록 도와준다. 또한, 첫인상에서 호감을 주지 못했다 하더라도 만남의 시간이 계속될수록 상대는 자신의 가치에 부합하는 사람이라고 인식하게 될 것이다. 그 결과, 상대는 대상을 긍정적으로 기억할 것이고 만남을 이어가려 할 것이다.

오늘 중요한 미팅이 있는가? 그렇다면 상대의 가치관이나 성향을 인지한 후 긍정적인 매그넛(MAGNET)이 발현되도록 행동하라. 상대에게 긍정적인 사람으로 기억될 가능성이 더욱 높아질 것이다.

내 발로 황금알 걷어차기

백화점 의류매장에서 고객 응대를 하는 S 양이 들려줬던 경험담은 매우 인상적이었다.

S 양이 한참 매장을 정리하고 있는데 굉장히 촌스럽고 왜소한 중년 남성이 옷을 보러 왔다. 매장이 너무 바빠 구매의사가 분명한 고객부터 응대하다 보니 중년 남성을 계속 방치하게 되었다. 그때 한 여성이 중년 남성에게 다가왔다. 중년 남성은 그 여성에게 "김비서, 여기는 서비스가 별로구먼. 이제 그만 가지."라고 말했다. 알고 보니 그 중년 남성은 굉장히 검소한 생활을 하는 중견기업의 대표였던 것이다.

중년 남성은 중요한 모임을 앞두고 자신이 모임에서 착용할 의상을 전부 구입할 생각으로 백화점을 방문했다. 그러나 S 양은 그의 외모가 촌스러워 보여 고급 매장에서 옷을 구매하지는 않을 것 같다는 판단을 내렸고 응대를 소홀히 했다. 이로 인해 S 양은 VIP 고객이 될 수도 있었던 사람을 보내게 되었다. 이처럼 자신의 잘못된 판단으로 대상을 부정적으로 인지하여 손해를 봤던 적이 있을 것이다. 즉, 부정적 매그넛(MAGNET)에 끌려 바람직한 선택과 행동을 하지 못한 결과이다.

사회적 지위가 높거나 나이가 많아서 삶의 노하우가 있을 것 같은 사람에게는 그의 언행에 대해 무시하는 사람이 거의 없다. 하지만 자기보다 나이가 어린 사람이 하는 말이나 행동을 무시했던 경험은 누구나 한 번쯤 있을 것이다.

나이가 어린 사람들 중에도 능력이 뛰어나고 임무 수행력이 탁월한 사람도 있다. 그럼에도 불구하고 나이가 어린 사람은 경험이 부족하고 실수가 많을 것이라는 매그넛(MAGNET)으로 인해 그들을 무시하게 되는 것이다.

이처럼 개인의 판단으로 대상을 바라볼 때 편견과 선입견이 발생하며 이 때문에 대상의 소중한 가치를 몰라보게 될 수도 있다. 개인이 내린 판단으로 인해 대상의 진가를 알아보지 못하는 경우를 접할 때면 참으로 안타까우면서도 다시 한 번 매그넛(MAGNET)의 영향력을 실감한다.

개인이 대상을 평가할 때 중요하게 생각하는 기준과 자신의 성향에 대해 인지하는 것은 매우 중요하다. 왜냐하면 자신이 대상을 인지할 때 어떤 가치관과 편견이 작용하는지를 알 수 있기 때문이다. 개인이 자신의 가치관과 성향을 바르게 인지한다면 대상의 지각과 평가의 객관성을 높일 수 있을 것이다.

일상에서 너무 성급하게 대상을 판단하거나 때로는 자신의 기준에서 상대를 왜곡시켜 기억하고 있지는 않은가? 특정인이 아닌 누구나 흔하게 행하고 있는 일이며, 쉽게 겪을 수도 있는 일이다. 하지만 당신이 만든 왜곡된 매그넛(MAGNET)으로 인해 진정 가치 있는 대상과의 관계가 멀어진 다음에 후회해도 이미 늦은 일이란 것을 명심해야 할 것이다.

보이는 두려움

 사람들은 낯선 대상과 만나거나 타인이 지켜볼 수도 있는 상황에 노출될 때 불안함을 느끼게 된다. 이것은 누구나 겪을 수 있는 사회불안 중 하나로, 타인의 부정적인 평가를 통해 자신의 가치가 왜곡될까 봐 염려하는 심리에서 발생하는 것이다.

 개인의 평가에 의해 자신의 가치가 형성될 때 평가에 대한 두려움이라는 부정적인 영향력이 발휘된다. 타인으로부터 일방적으로 형성되는 특성을 지닌 매그넛(MAGNET)의 부정적인 영향력은 타인의 평가를 받을 때 더욱 크게 작용한다.

개인의 가치가 반영된 자신만의 브랜드가 명확하지 않은 상태에서 타인의 평가에 지속적으로 노출된다면 평가에 대한 두려움이 더욱 커질 수 있다. 이러한 상황이 반복되면 자신의 신념보다 타인의 평가를 더 의식하게 되어 자신의 가치를 발현하기가 어려워질 수 있다.

 따라서 타인의 평가 앞에 당당해지기 위해서는 먼저 자신의 강점, 가치관, 삶의 방향이 반영된 자신만의 브랜드가 명확하게 구축되어야 한다. 즉, 충분한 시간을 갖고 스스로 삶의 방향을 찾은 후 그것을 자신의 이상적 모습으로 분명하게 설정할 필요가 있다는 것이다. 이러한 과정을 거친다면 타인의 평가를 받는 순간에 보다 당당한 자신을 만날 수 있을 것이다. 또한, 이러한 노력의 결과로 긍정적인 매그넛(MAGNET)이 발현되어 자동적으로, 특별한 과정 없이도 많은 선택을 받는 순간들이 늘어날 것이다. 과정의 노력은 많은 시간이 걸릴 수 있으나, 한 번 장착된 매그넛(MAGNET)으로 인해 초고속 비행을 경험할 수 있을 것이다.

평가의 시점에서 빛나라!

개인의 판단에 의해 형성된 매그넛(MAGNET)의 영향력은 평가의 시점에서 그 힘이 발휘한다. 즉, 상대의 과대평가나 평가절하로 인해 자신의 실체와 다른 평판이 형성됐을 때 영향력이 발휘된다는 것이다.

사람들은 타인에게 호감적인 인상을 형성하려는 욕구가 있다. 이로 인해 중요한 자리나 모임에 참여할 때 평소보다 많은 부분을 신경 쓴다. 이러한 매그넛(MAGNET)으로 인해 개인이 타인의 평가를 받게 될 때 자신을 관리하고자 하는 욕구가 상승되는 효과를 불러온 것이라고 볼 수 있다.

상대의 평가는 스스로를 되돌아볼 수 있는 계기를 만들어 준다. 자신이 타인에 의해 평가절하되었다면 그 이유는 무엇인지, 어떤 부분을 개선해야 하는지에 대해 진지하게 생각할 것이다. 또한, 타인에게 긍정적인 평가를 받았다면 이를 유지하기 위해 지속적인 노력을 할 것이다.

이처럼 타인의 판단에 의해 형성된 매그넛(MAGNET)은 자신을 객관적으로 분석하게 하며, 긍정적인 평판을 구축하기 위한 방법을 더 잘 파악할 수 있도록 도와준다.

이러한 노력을 지속적으로 한 N잡러들의 이야기를 들어보면 저절로 감탄이 나온다. 직장 외의 시간에 집중하고 노력하여 한 달 뒤, 3개월 뒤, 6개월 뒤 등 사람마다 조금의 시간차는 있지만 N잡러들은 결국 억대의 매출을 일으키고, 자신을 꾸준히 찾는 사람들의 수는 계속 늘고 있다.

앞에서 언급했듯이 자신만의 브랜드로 세상에 알리고 있는 상황이라면, 이젠 강력한 매그넛(MAGNET)을 만들기 위해 자신의 브랜드가 훌륭하다는 인식을 높이는 노력을 해야 한다. 평판이 좋을수록 그 가치는 더욱 높아질 수밖에 없다. 본인이 하고 있는 일 외에 스스로의 평판의 힘이 커질 때 자동적으로 끌려오는 매그넛(MAGNET) 현상으로 새로운 일들이 열리며, 이 시대의 진정한 억대 연봉을 만드는 사람이 될 것이다.

끊임없는 훈련과 노력을 통해 강력한 매그넛(MAGNET)을 구축하여 누구에게나 기억되는 훌륭한 브랜드가 되어 많은 사람들로부터 선택받고 부름받길 기대해 본다. 억대 연봉 N잡러, 정성껏 매그넛(MAGNET)을 발현시키면 당신도 가능하다.

매그넛(MAGNET) 극복 Tip

개인의 판단에 의해 형성된 매그넛(MAGNET)은 대상을 바라보는 사람이 가진 가치나 판단 기준에 의해 발현된다. 이 때문에 개인은 자신의 가치가 평가절하되어 부정적인 매그넛(MAGNET)이 형성될까 두려움을 갖게 된다. 자신이 가진 가치가 아무리 값지더라도 그것을 받아들이는 상대가 알아보지 못하면 무용지물이기 때문에 자신의 매그넛(MAGNET) 형성 시 더욱 예민해진다.

이러한 문제를 예방하기 위해서는 '가치관의 차이'를 인정하기 위한 노력이 필요하다. 개인의 성장과정을 통해 형성된 가치관과 대상에 대한 평가의 기준은 모두 다르기 때문에 상대의 평가가 객관적 기준이 아님을 인지할 필요가 있다.

다음의 활동지를 통해 타인의 가치관을 인지함으로써 동일한 대상의 가치가 수용자에 의해 달라질 수 있다는 것을 이해할 수 있을 것이다.

Step10. 서로 다른 가치관 인정하기

대상에 대해 형성한 가치를 서로 교류해 보라.

나의 경험 체크리스트

개인의 판단에 의해 형성된 매그넛(MAGNET)이 일상 속에서 얼마나 빈번하게 영향을 미치는지 다음의 체크리스트를 통해 점검해 볼 수 있다.

문항	내용	체크
1	상대로부터 과한 칭찬을 받은 적이 있다.	
2	친구가 상대에 의해 평가절된 적이 있다.	
3	능력 밖의 일을 요구받은 적이 있다.	
4	모임에서 임원으로 추천받은 적이 있다.	
5	학력만 보고 상대를 높이 평가한 적이 있다.	
6	상대의 직책에 따라 행동이 달라진 적이 있다.	
7	일할 때 함께하고 싶은 사람이 있다.	
8	인간관계에서 커리어가 중요하다고 생각한다.	
9	상대의 진가를 몰라보고 후회한 적이 있다.	
10	상대가 추천한 제품을 사지 않은 적이 있다.	
11	나의 기준으로 상대를 평가한 적이 있다.	
12	첫 만남 후 나를 다시 찾는 사람이 많은 편이다.	
13	사회적 경험이 많은 사람을 존중하는 편이다.	
14	나이가 어리다는 이유로 무시당한 적이 있다.	
15	복장 때문에 출입 제재를 받은 적이 있다.	

문항을 체크했다는 것은 자신의 가치관과 판단을 기준으로 대상의 매그넛(MAGNET)을 형성하고 있는 환경에 빈번하게 놓여있음을 의미한다.

다흰이와 함께하는 MAGNET

우리의 생활 속에서 일어나는 매그넛(MAGNET)을 다흰이들과 함께 살펴볼까요?

대상의 브랜드는 상대의 가치 기준에 따라 판단되어 기억된다는 것, 잊지 마세요!

CHAPTER 11
'조율의 힘'

상상을 초월하는 조율의 힘을 키워라!

11

·
·
·

상상을 초월하는 조율하는 힘!

개인이 형성한 매그넷은 주관성을 갖고 있다.
각기 다른 이미지로 소통의 부재가 일어날 수있다.
원만한 소통과 교류를를 위해 이미지 조율이 필요하다.

인정과 조율

매그넷(MAGNET)은 개인의 주관에 의해 형성되는 특징이 있다. 또한, 각 관점에서 매그넷이 형성되는 과정이나 영향력에는 차이가 있으나 개인이 동일한 대상을 보고 서로 다르게 생각할 수 있는 공통된 특징도 있다.

이러한 매그넷의 특징으로 인해 개인, 집단, 지역 나아가 국가적으로도 오해를 불러일으킬 수 있다. 대상에 대해 자신의 생각만을 상대에게 주장했을 때 서로의 오해가 더욱 깊어질 수 있으며 관계의 문제가 발생될 수 있다.

이동 수단에 대한 대화를 할 때 어떤 사람은 자전거를 떠올릴 수 있고, 다른 사람은 비행기를 떠올릴 수도 있다. 대상이 '이동 수단'이라는 표현처럼 불분명하게 제시될수록 서로의 생각 차이는 더욱 커질 수 있다.

　사람들은 경험에 의해 형성된 매그넛(MAGNET)의 영향력이나 자신이 갖고 있는 정보를 기반으로 형성된 매그넛의 영향력으로 인해 각자 주관적으로 생각하기 때문이다.

　이렇게 다른 생각을 하고 있는 상태에는 소통이 원활하게 이뤄질 수 있겠는가? 이내 서로의 대화가 겉돌고 있다는 것을 느끼게 될 것이다.

　일상 속에서 상대와 대화할 때 서로 다른 내용을 말하는 것 같은 기분이 들거나 상대가 자신의 말에 전혀 공감하고 있지 않다고 느껴질 때가 있다. 대화가 길어져 이러한 상황이 계속되면 "너 지금 누구 얘기하고 있는 거야?"라고 물어보고서야 서로가 다른 생각을 하고 있었다는 것을 인지하게 된다. 당신도 이러한 경험을 한 번쯤 해본 적이 있지 않은가?

　상대와 머릿속으로 자신이 가치있게 생각하는 매그넛(MAGNET)을 분명하게 교류하지 않는다면 대화를 이어나가기 어렵다. 그뿐만 아니라 소통, 비즈니스, 인간관계 등 다양한 측면에서 심각한 갈등을 야기할 수 있다.

따라서 대화를 하거나 의견을 주고받을 때 자신과 타인이 대상에 대해 다르게 생각할 수 있다는 점을 인정하고 서로의 생각을 조율하기 위해 노력해야 한다.

싸웠어, 또 싸웠어!

"짠~ 우리 일주년 기념 여행 티켓!"

"와아... 그렇구나... 딴 건? 여행만 가?"

"그럼~ 기념일엔 여행이 최고지! 뭐야? 맘에 안 들어?"

"아니... 맘에 들어."

"맘에 드는 표정이 아닌데? 왜? 뭐가 문제야?"

"휴... 아니야. 그런 거. 근데 나 여행 안 갈래."

"왜 그래? 말을 해야 알지... 오빠가 뭐 잘못했어?"

많은 커플이 위 내용을 공감하며 읽었을 것이라 생각한다. 연인이나 부부 사이에 흔하게 겪는 상황이기 때문이다. 남자는 기념일 이벤트로 '여행'을 계획했고, 여자는 '깜짝파티'를 기대했다. 서로가 생각한 부분이 달랐기 때문에 스스로가 바라는 바대로 자동적으로 더 끌리는 매그넛(MAGNET) 현상으로 인해 남자는 여자의 반응이 아쉽고 여자는 남자의 이벤트가 마음에 들지 않는 결과를 초래하게 된 것이다.

당신은 머릿속의 매그넛(MAGNET)을 상대와 얼마나 교류하고 있는가? 자신이 떠올린 바를 상대에게 명확하게 알리지 않고 완벽한 소통을 기대하는 것은 바람직하지 않다. 생각의 차이를 줄이고 진정한 교감을 원한다면 당신의 머릿속에서 이끌려지는 부분 전체를 상대에게 전달하려는 노력이 필요하다.

결정을 내려야 하는 순간

회의를 하다 보면 어느 순간부터 의견이 조율되지 않고 상대의 말을 비난하거나 상대에게 공격할 때가 있다. 표정은 상기되고 말의 표현이 거칠어지는데도 서로의 의견이 쉽게 조율되지 않는다. 그 이유는 다음의 설문조사를 통해 알 수 있다. 이 설문은 개인이 서로 다른 이미지를 떠올리며 대화했을 때 의견 조율의 어려움을 겪는 정도를 조사한 것이다.

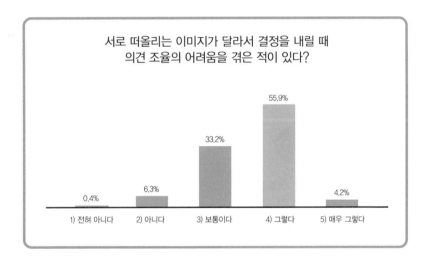

설문조사 결과, 서로 떠올리는 이미지가 달라서 결론을 내릴 때 어려움을 겪은 적이 있다고 응답한 사람이 60.1%, 그렇지 않은 사람이 6.7%로 나타났다. 이를 통해 서로가 상이한 이미지를 떠올리고 있을 경우 의견을 조율하여 결론짓는 것이 어렵다는 것을 알 수 있다.

이처럼 서로 떠올린 바가 조율되지 않으면 의견만 난무할 뿐 결론을 도출하기 힘들다. 따라서 명확한 결론을 내려야 할 때 상대와의 조율이 필요하다. 보다 열린 마음으로 시도한 소통을 통해 서로 다르게 끌려진 부분들을 조율한다면 상대와 공감하며 의견을 쉽게 조율할 수 있을 것이다.

조율 한 번 해보세요

다음의 활동지를 통해 상대와 자신이 머릿속으로 떠올린 것이 얼마나 다른지 가늠할 수 있다. 그리고 서로 다르게 떠올린 대상에 대해 교류할 수 있으며, 실습을 통해 상대와 다르게 형성한 대상에 대한 의견을 조율할 수 있다.

주어진 주제에 대해 서로가 떠올려진 내용을 작성한다. 글을 작성할 때는 먼저 작성한 사람의 내용을 가린 후 두 번째 사람이 작성하도록 한다. 동일한 부분과 상이한 부분에 대해 서로 소통한다. 이 과정을 반복한다면 각자 떠올린 대상을 하나로 조율할 수 있을 것이다.

주제 : '코로나19'를 대처하는 국민들의 태도

• 자신이 형성한 매그넛(MAGNET):

• 타인이 형성한 매그넛(MAGNET):

더해서 나눈 후의 매그넛(MAGNET)

개인에 따라 대상의 매그넛(MAGNET)은 긍정적 또는 부정적으로 형성될 수 있다. 그러나 자신이 형성한 대상의 매그넛에 갇혀 있지 않고 상대와 대화를 통해 교류했을 때 초기에 가졌던 대상의 매그넛이 바뀔 수 있다.

이미지 교류를 통해 대상의 이미지를 긍정적으로 형성했던 사람은 자신이 놓쳤던 대상의 단점을 고려할 수 있고 부정적으로 대상의 이미지를 형성했던 사람은 자신이 발견하지 못했던 대상의 장점을 인지할 수 있다.

상대가 떠올린 대상에 대한 설명을 들었을 때 개인은 자신이 대상에 대해 상상했던 부분을 다시 한 번 생각해 보게 된다. 이때 대상에 대해 자신이 몰랐던 부분을 채우고 과하게 부풀려졌던 부분은 제거하는 등 대상에 대해 가졌던 생각 외의 평균을 도출하는 과정이 자연스럽게 진행된다.

조율된 매그넛(MAGNET)은 각 개인이 형성한 대상의 정보를 모두 반영한 후 서로의 의견을 수렴한 하나의 평균적인 가치를 도출한 것이다. 이는 대상에 대해 서로가 같은 가치로 기억할 수 있도록 도와주므로 의견을 조율할 시 매우 중요한 역할을 한다. 모두의 의견이 하나로 조율되었을 때 자동으로 끌어지는 힘인 매그넛(MAGNET) 영향력은 배가 될 것이다.

오해받고 싶지 않다면!

우리는 다양한 관계를 하면서 원치 않는 오해를 종종 살 때가 있다. 개인의 판단에 의해 형성된 매그넛(MAGNET)에 의하면 상대에게 자신의 가치가 왜곡되는 상황은 누구나 겪을 수 있는 일이지만 막상 겪게 되면 불쾌한 기분이 드는 것은 어쩔 수 없다.

타인에게 자신의 가치가 왜곡되거나 상대로부터 오해를 받고 싶지 않다면 스스로 자신을 분명히 이해하여 상대에게 정확하게 전달할 수 있어야 한다. 자신이 스스로를 바라보는 주관적 '나'와 타인에 의해 형성되는 '나'는 다를 수 있다. 이를 조율해 나가는 과정에서 상대에게 스스로를 정확하게 전달할 수 있다면 상대의 주관으로 인해 형성되는 매그넛(MAGNET)으로 당신의 가치가 왜곡되는 일이 줄어들 수 있을 것이다.

다음의 활동지는 스스로를 이해하는 데 도움을 줄 수 있으니 직접 해보면서 자신을 알아가는 시간을 가져보라.

다음의 질문에 답변하며 자신을 이해할 수 있다.

- 평소 말하는 스타일:
- 기쁠 때, 슬플 때 표현 방법:
- 화가 나는 이유와 표출 방법:
- 업무 스타일:
- 시간과 약속에 대한 개념:
- 인간관계에 대한 개념:
- 감동적인 순간:
- 돈과 재물에 대한 개념:
- 가장 중요하게 생각하는 가치(복수 답변 가능):

왜곡을 바로잡는 놀라운 힘

대상의 가치를 서로 교류하는 과정에서 대상에게 가졌던 편견이나 선입견을 해소할 수 있다. 특히, 경험에 의해 형성된 매그넛(MAGNET)이나 사회적으로 노출된 정보를 반영하여 형성된 매그넛(MAGNET)의 영향력이 발휘되어 대상의 가치를 형성했을 경우 왜곡된 부분이 있을 수 있다. 이때 가치 교류를 통해 오해했던 부분을 바로잡을 수 있다.

과거에는 상대에게 부정적인 매그넛(MAGNET)을 형성했을 때 '수면자 효과'를 이용하는 사례가 많았다. 즉, 시간이 지날수록 부정적인 인상을 형성하게 된 이유나 관련된 기억의 연상은 사라지고 결과적인 사실만 남게 되는 방법을 택한 것이다. 이후 새롭게 변화된 모습을 보여줌으로써 상대에게 기억된 과거의 인상을 바꿔가는 방법으로 자신을 관리했던 것이다.

그러나 현대사회에서는 수면자 효과로 자신의 가치를 변화시키는 것은 다소 무리가 있다. 과거와 환경이 다르기 때문이다. 이제는 검색만 하면 과거의 것이라 할지라도 관련기사를 단번에 볼 수 있고 손안에서 일파만파 퍼뜨릴 수 있는 시대에 도래했다. 조용히 잠적한다고 해서 부정적이었던 자신이 잊히거나 개선되지 않는다는 것이다.

현대의 사람들은 억울한 일이 있을 때 혼자 받아들이고 감내하기보다는 기자회견을 한다. 이를 통해 잘못 알려진 부분을 바로잡고 하락된 가치를 회복하겠다는 것이다.

이처럼 이제는 상대에게 자신의 이미지를 왜곡시키지 않고 바르게 전하기 위한 노력을 해야 한다. 조율된 매그넛(MAGNET)을 활용한다면 상대가 오해한 자신의 가치를 바로잡고 진가를 상대에게 전달할 수 있을 것이다.

고정적 생각의 고착

타인과 원활하게 소통하기 위해 각기 다른 생각을 조율하는 과정은 매우 중요하며 현대사회에서 반드시 필요하다. 그러나 생각을 조율하다 보면 개인의 개성적 사고를 방해하고 발상의 자유를 통제하는 등의 문제가 발생할 수 있다.

특히, 조율된 매그넛(MAGNET)으로 인해 어린아이의 사고를 가둬버릴 수도 있다. 사고가 유연한 어린이들은 한 가지 대상을 제시했을 때 그와 관련하여 무궁무진하게 상상할 수 있을 것이다. 그러나 부모 또는 선생님과의 의견 조율로 인해 하나의 대상 밖에 떠올리지 못하는 아이가 될 수도 있다.

혁신과 진보는 '남들과 다른 독창적인 생각'에서 시작한다고 해도 과언이 아니다. 또한, 타인과 다른 발상이 산업과 경제의 발전에 엄청난 기여를 할 수도 있다.

따라서 모든 상황에서 무조건 의견을 조율하는 것은 바람직하지 않다. 의견의 조율이 필요한 상황을 인지하고 그에 적합하게 조율된 매그넛(MAGNET)을 활용한다면 발전과 소통의 두 마리 토끼를 모두 잡을 수 있을 것이다.

내 맘 같지 않아!

타인과 대상에 대해 형성한 의견을 교류하고 조율하는 과정에는 자신이 추구하는 방향으로 대상의 조율되지 않을 수 있다.

예를 들어 '촛불시위'에 대한 의견을 조율할 때 매그넛(MAGNET)으로 인해 사람들은 각자 자기가 끌리는 바대로 의견을 제시할 것이다. 이때 '평화적인 시위'라고 생각한 사람이 있는 반면, 어찌 됐던 시위는 시위이기 때문에 '위험한 현장'이라고 단언하는 사람도 있을 것이다.

당신이 만약 '평화적인 시위'라고 생각했다면 상대와 '촛불시위'에 대한 공통된 생각을 '평화적인 시위'로 조율하고 싶을 것이다. 하지만 다수가 '평화를 둔갑한 위험한 현장'이라는 의견에 동의하여 집단 내 통용되는 생각이 매그넛(MAGNET)이 되어 당신의 생각과 다른 방향으로 조율될 수도 있다.

의견 조율 후 주의해야 할 점은 조율된 바가 자신의 마음에 들지 않더라도 수긍하고 받아들여야 한다는 것이다. 만약 당신이 주장한 바를 고집하여 조율된 생각을 받아들이지 않는다면 집단에서 당신만 다른 의견을 주장하게 되므로 집단 내 소통의 어려움을 겪을 수 있다

따라서 자신이 원하는 방향으로 대상이 조율되지 않더라도 다수의 의견으로 조율된 내용을 존중하고 인정하는 태도를 갖춰야 한다.

상이하게 형성된 대상에 대해 조율할 때 상대가 자신의 생각을 받아들여주길 원한다면 자신의 의견을 분명히 하는 것이 바람직하다. 논리적인 설명으로 자신의 의견을 전달하여 상대를 설득시킨다면 상대와 보다 원활하게 조율할 수 있을 것이다.

조율의 시점에서 빛나라!

조율된 매그넛(MAGNET)은 의견이나 상황을 조율하는 시점에서 영향력을 발휘한다. 소통은 인간의 삶에 필수불가결한 수단이며 타인과 함께 살아가는 데 필요한 요소이다. 조율된 매그넛은 타인과 소통할 때 상대와의 인지적 차이를 좁혀 주고 대상의 가치를 동일하게 떠올릴 수 있도록 긍정적인 영향력을 발휘한다.

다음의 활동지를 통해 상대와 조율된 매그넛(MAGNET)을 만들어 보라. 실습을 통해 조율된 매그넛은 함께 참여한 사람과 당신만의 표현 수단으로도 사용될 수 있을 것이다.

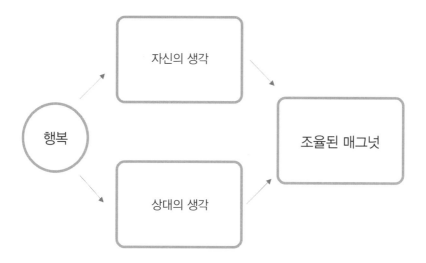

사람은 상상력의 폭이 매우 넓기 때문에 다수의 의견을 조합하여 결정을 내리거나 대상의 가치를 명확히 해야 할 때 혼란이 발생할 수 있다. 이때 조율된 매그넛(MAGNET)의 긍정적 영향력을 활용한다면 상상의 폭을 좁힐 수 있으며, 대상의 가치를 구체화할 수 있을 것이다.

내 의견이 소중하듯 남의 의견 또한 소중하다는 기본적 개념에서 접근한다면 그 어느 때보다 조율은 쉽고 상대를 이해하기 편할 것이다. 조율된 의견은 합심을 이끌며 발전적인 방향으로 나아갈 수 있는 초석이 되어주기도 한다.

조율의 힘을 키우기 위해서는 내 의견을 잘 표현하고 남의 의견에도 귀 기울일 줄 아는 현명함이 필요하다. 조율의 성공은 결국 자동끌림 현상인 매그넛(MAGNET)의 엄청난 파워를 지니게 되는 강력한 무기인 것이다.

매그넛(MAGNET) 극복 Tip

조율된 매그넛(MAGNET)은 대상의 왜곡된 가치를 바로잡고 상대와의 의견 차이를 줄일 수 있지만 자칫 조율된 의견에 고착될 수 있다. 이로 인해 개인이 상상할 수 있는 범위가 줄어들고 창의적인 발상과 개성적 사고가 저하되는 문제가 발생할 수 있다.

이러한 문제를 예방하려면 '사고 범위의 유동성'을 넓힐 수 있도록 지속적인 훈련이 필요하다. 자유롭게 사고를 하다가 필요한 순간에 생각을 축소시킬 수 있는 훈련을 꾸준히 한다면 사고 범위를 조절하는 데 도움이 될 것이다.

아래의 활동지를 바탕으로 사고를 확장하고 축소시키는 훈련을 할 수 있다.

Step11. 넓히고 줄이고

---

1. 올림픽 마크를 그리고 그 특징을 서술하시오.

....

....

....

....

2. 연령대별로 먼저 떠올릴 것 같은 것을 선정하시오.

10대 :   20대 :

30대 :   40대 :

50대 :   60대 :

나의 경험 체크리스트

　조율된 매그넛(MAGNET)이 개인의 일상 속에서 얼마나 영향을 미치는지 다음의 체크리스트를 통해 점검해 볼 수 있다.

문항	내용
1	상대가 생각한 것에 대해 물어본 적이 있다.
2	내 생각을 상대에게 맞춘 적이 있다.
3	제품을 사기 위해 상대를 설득시킨 적이 있다.
4	상대와의 대화로 대상이 다르게 보인 적이 있다.
5	의견이 조율되지 않아 힘들었던 적이 있다.
6	의논을 통해 여행지를 쉽게 선정했던 적이 있다.
7	자신의 뜻대로 의견이 맞춰지지 않은 적이 있다.
8	상대와 생각하는 바가 달라서 다툰 적이 있다.
9	가족이 똑같은 생각을 해서 놀란 적이 있다.
10	상대의 의중을 알 수 없어 답답했던 적이 있다.
11	상대의 선물이 마음에 들지 않았던 적이 있다.
12	대화를 통해 대상에 대한 오해를 푼 적이 있다.
13	대화의 대상을 상대와 다르게 생각한 적이 있다.
14	생각하는 바가 같아서 일을 쉽게 한 적이 있다.
15	생각의 차를 좁히고자 대화를 시도한 적이 있다.

　문항을 체크했다는 것은 대상의 가치를 형성하는 과정에서 상대와 의견을 교류하는 것의 필요성을 인지하고 상대와 서로의 매그넛(MAGNET)을 조율하고 있다는 것을 의미한다.

다흰이와 함께하는 MAGNET

우리의 생활 속에서 일어나는 매그넛(MAGNET)을 다흰이들과 함께 살펴볼까요?

개인 간 추구하는 가치의 우선순위가 반영된 매그넛(MAGNET)으로 인해 떠오른 서로 다른 생각의 조율이 결정에 있어 중요한 역할을 한다는 것, 잊지 마세요!

CHAPTER 12
'양면의 힘'

매그넛(MAGNET)의 긍정적 영향력 VS 부정적 영향력

12

-
-
-

매그넛(MAGNET),양날의 검

대상을 기억할 때 매그넛이 영향력을 발휘한다.
매그넛은 대상의 가치 형성에 복합적으로 작용한다.
매그넛으로 인해 대상의 가치가 달라질 수 있다.

우리가 삶에서 경험하고 습득한 모든 것은 머릿속에 각인된다. 사람들은 어떠한 대상이나 상황을 직면했을 때 그와 관련된 경험이나 정보를 언제든지 떠올릴 수 있다.

매그넛(MAGNET)은 개인의 생각, 태도, 판단, 결정, 행동 등 많은 부분에 작용하는데 이것이 바로 '매그넛 파워'이다. 매그넛(MAGNET)은 긍정적인 영향력과 부정적인 영향력을 갖고 있으며 대상에게 적용되는 매그넛 파워에 따라 대상의 가치가 다르게 형성될 수 있다. 현대사회에서 상대에게 긍정적인 가치를 전하기 위해서는 매그넛 파워의 중요성을 인지하고 긍정적인 영향력을 활용해야 한다.

은반 위의 여왕 김연아

2014년 소치 동계 올림픽 피겨 스케이트 경기에 출전한 김연아 선수의 의상 논란을 통해 매그넛(MAGNET)의 영향력을 실감할 수 있다.

김연아의 쇼트 프로그램 의상이 공개되었을 때 매그넛(MAGNET) 파워가 나타났다. 지금까지 김연아의 강렬한 느낌과 대조되는 의상에 대해 한국인들은 "다른 모습이다", "밝은색 의상도 예쁘다", "귀엽고 청순한 느낌이다", "조금 어색하다", "황색은 소화하기 힘든 색이다", "의상이 잘 어울리고 이번 대회도 기대된다" 등의 다양한 반응을 보였다. 미국의 피겨 스케이팅 전문 웹사이트 '아이스네트워크'는 김연아의 쇼트 의상을 '멋진, 화려한(The Gorgeous)'으로 분류하며 칭찬하였다.

그러나 일본의 스포츠 전문매체인 '데일리스포츠'는 김연아의 의상을 '단무지 같다'며 평가절하하였다.* 그뿐만 아니라 러시아의 피겨 대모인 타티아나 타라소바는 김연아의 쇼트 점수가 낮게 측정된 이유가 의상 때문이라고 지적한 바 있다.**

---

*김연아 쇼트 의상, 美 "아름답다" vs 日 "단무지" 시각차, 이데일리. 2014.03.05
**김연아 의상이 여전히 화제, 미국 언론 "황록색은 소화하기 힘든 색", 스포츠월드. 2014.03.06.

　한국, 미국, 일본, 러시아 측에서 본 김연아 선수의 의상은 동일했으나 그들이 김연아 선수의 의상을 인지한 후 판단한 결과에 따라 전혀 다른 매그넛(MAGNET)을 형성했다.

　김연아는 2014년 소치 동계 올림픽의 쇼트 프로그램인 '어릿광대를 보내주오(Send in clowns)'를 준비하면서 여주인공의 감정과 여운을 그대로 전달하기 위해 최선의 노력을 다했으며, 이를 표현하기 위해 디자인된 의상을 착용하였으나 그녀의 의상에 대한 가치 형성은 대중의 몫이었다.

　이처럼 대상 스스로가 가치를 형성하는 것이 아니라 상대의 가치 기준을 바탕으로 한 판단을 통해 가치가 형성된다는 것을 확인할 수 있다.

　2014년 소치 동계 올림픽에서 김연아 선수의 쇼트 프로그램 의상이 처음 공개됐을 때 대중의 반응이 미지근했던 이유를 또다른 매그넛(MAGNET) 파워에서도 찾을 수 있다.

지금까지 김연아 선수의 의상은 원색의 화려한 이미지, 검은색과 비즈 장식의 섹시하고 시크한 이미지, 페일톤과 파스텔톤의 우아하고 깨끗한 느낌 중심으로 많은 대중들을 끌어당겼기에 '화려함', '시크함', '우아함'이 김연아의 상징성을 만들었다.

그러나 '어릿광대를 보내주오'의 의상은 대중들에게 각인되어 있던 김연아의 상징성과 전혀 다른 컬러와 디자인이었다. 대중은 자신의 기억속에 있는 김연아 선수의 느낌을 유지하면서 한층 발전된 의상을 기대했지만 예상하지 못한 컬러와 차분한 디자인에 어색함을 느꼈다. 이는 결국 김연아 선수의 의상 평가와 가치 형성에 부정적인 영향을 미쳤다.

김연아 선수의 의상에 대한 각국의 평가를 보면 유독 일본에서는 폄하가 심했다. 이는 정보의 힘에 의해 나타난 강한 매그넛(MAGNET)으로 가치가 형성된 결과라 할 수 있다. 김연아 선수가 등장하기 전 아사다 마오는 피겨 스케이트 분야에서 승승장구하던 선수였다. 그러나 김연아 선수가 등장하면서 그의 선수 활동에 큰 영향을 받았다.

경기 결과에 따른 언론 보도가 사회적으로 많이 노출되었고 김연아 선수로 인해 은메달에 머물러야 했던 일본은 타국에 비해 상대적으로 김연아 선수의 정보를 부정적으로 노출시켰다.

따라서 일본은 사회적으로 노출되어 있는 부정적인 정보에 영향을 받아 김연아 선수를 부정적으로 평가하게 되는 것이다. 한국 사람들이 일본 선수에 대해 판단할 때도 유사한 영향을 받는다. 종합해 보면 2014년 소치 동계 올림픽 김연아 선수의 의상 논란은 상대의 평가에 의해 형성된 매그넛(MAGNET) 파워와 상징적 이미지 파워가 갖는 부정적 영향력, 사회적으로 노출된 정보가 형성한 가치 등이 복합되어 만들어진 결과라 할 수 있다. 이처럼 매그넛 파워는 대상의 가치 형성 시 동시에 그 힘을 발휘하며 상대의 생각, 태도, 행동 등에 영향을 미친다.

고개 숙인 황금 벼 유재석

현재 연예계에서 올바름, 믿음, 신뢰, 성실, 겸손, 국민 MC 등의 수식어를 들으면 누가 떠오르는가? 아마도 많은 이들이 유재석을 가장 먼저 떠올렸을 것이다. 과연 그는 연예계에 처음 입성했을 때부터 이러한 강한 매그넛(MAGNET)을 갖고 있었을까? 유재석은 '매그넛 파워'를 통해 자신의 자리를 굳건히 하고 있는 대표적인 연예인이라 할 수 있다.

유재석은 연예계에 처음 등장했을 때부터 존재감이 있거나 긍정적인 신뢰를 구축한 인물은 아니었다. 1991년 KBS 제1회 '대학개그제'에서 그는 단순화의 힘을 통한 매그넛(MAGNET)의 파워 중 부정적 영향력을 제대로 경험했다.

유재석이 장려상을 수상할 당시 시각적으로 비춰진 태도는 방송 관계자에게 '건방진', '버릇없는', '거만한' 등의 생각이 들게 하기에 충분했다. 바지 주머니에 꽂은 손, 귀를 후비는 행동, 못마땅한 표정, 계단을 내려오는 걸음걸이 등 각 요소들이 만든 매그넛(MAGNET)으로 인해 전체적으로 그를 향하는 시선은 부정적으로 고착되었다.

이 사건으로 인해 유재석은 9년 가까이를 무명으로 지내야 했다. 그는 한 번의 실수로 인해 각인된 생각을 바꾸기 위해 장장 9년의 시간 동안 끊임없이 노력했다고 자신의 진행 프로그램에서 밝힌 바 있다.

매그넛(MAGNET)의 부정적 영향력을 경험한 유재석이지만 현재는 누구보다 긍정적인 모습으로 대중에게 기억되어 있다. 그가 지속적으로 보여준 모습으로 인해 형성된 긍정적인 매그넛(MAGNET)이 대중에게 더 큰 영향력을 발휘했기 때문이다. 유재석이 현재의 강력한 매그넛(MAGNET)을 구축하기까지 다양한 요소들이 영향을 미쳤다. 그중 가장 긍정적 영향을 미친 것이 바로 소통의 힘이다.

그가 공식 석상에서 보인 비언어적 행동은 겸손한 사람이라는 것을 각인시키는 데 일조했다. 유재석의 '인사'는 많은 이들에게 귀감이 된다. 그는 국민 MC로 우뚝 선 현재에도 대중 앞에서 인사를 할 때면 어김없이 90도로 정중히 인사한다. 이 때문에 후배들은 방송에서 유재석보다 인사를 할 때 덜 숙였다는 이유로 곤란함을 겪은 사례를 풀어놓기도 했다.

자료제공ⓒ Newsis, ⓒ뉴시스

유재석이 보여준 비언어적 행동은 대중이 유재석을 판단하는 근거로 작용했다. 이때 비언어적 행동이 매번 초지일관하게 전해지면서 대중은 유재석을 '겸손한 사람'으로 기억하게 되었다. 이러한 이유로 '유재석' 하면 '언제나 90도 겸손 인사'가 이제 그의 대표 상징성 중 하나가 되었다. 이처럼 비언어적 행동을 바탕으로 소통의 힘을 통해 자동적으로 형성된 매그닛(MAGNET)은 백 마디 말보다 강한 영향력을 가진다.

유재석의 상징성 중 둘째라면 서운한 것이 바로 '배려'이다. 이것은 정보의 힘으로 인한 긍정적 매그닛(MAGNET)의 영향력으로 인해 그의 가치가 형성된 결과이다.

우리가 유재석과 직접 인간관계를 한 적은 없지만 방송매체나 언론 보도를 통해 쏟아지는 유재석의 정보는 하나같이 '배려적인', '매너 있는', '신사적인'과 관련된 내용을 담고 있다. 유재석이 후배를 대하는 태도, 기부 실천, 누구보다 열정적으로 프로그램을 임하는 모습에 대한 칭찬 등의 정보가 유재석에 대해 부정확한 부분을 채워 긍정적인 매그넛(MAGNET)을 형성하게 하는 것이다. 유재석을 만난 경험이 없음에도 불구하고 그에 대해 긍정적인 인상을 형성할 수 있는 이유는 사회적으로 노출된 정보에 의해 형성된 매그넛의 긍정적인 영향력 때문이라 할 수 있다.

뿐만 아니라 유재석은 시각적 힘으로부터 형성된 매그넛(MAGNET)을 통해 긍정적인 영향력을 활용하여 대중에게 자신을 각인시켰다. 콤플렉스가 될 수도 있었던 메뚜기를 닮은 외모적 특징을 자신의 상징으로 만들어 누구나 '메뚜기' 하면 유재석을 떠올리게 한 것이다.

무명 시절부터 현재까지 유재석은 방송에서 지속적으로 메뚜기 탈을 착용했다. 그뿐만 아니라 자신이 출연했던 방송 프로그램인 무한도전, 런닝맨 등의 프로그램에서도 메뚜기와 같은 녹색 의상을 많이 착용했다.

이러한 노력을 통해 '메뚜기'는 유재석의 대표적인 상징이 되었으며 상징적인 매그넛(MAGNET)으로 대중에게 더욱 쉽게 자신을 기억시킬 수 있었다. 유재석의 이름을 명확하게 기억하지 못하는 사람은 있을지언정 '메뚜기'라고 했을 때 그의 얼굴을 떠올리지 못하는 사람은 드물 것이다.

유재석은 자신을 칭송하는 '유느님'이라는 수식어를 갖고 있다. 이러한 수식어를 갖게 된 이유에는 매그넛(MAGNET)을 잘 활용하여 조직을 선동하는 능력을 갖추었기 때문이다.

지금의 유재석을 있게 한 것은 '무한도전'이라 해도 과언이 아니다. 무한도전의 약 12년이라는 시간 속에서 전체 멤버를 대표하는 그의 리더십은 자신만의 브랜드 형성에 많은 영향을 미쳤다.

무한도전과 관련하여 사건이 발생할 때마다 멤버와 제작진을 대신해 진심으로 사과했다. 바쁜 일정 중에도 누구보다 열정을 다해 프로그램을 이끌었다. 또한, 무한도전이 시청자의 관심과 사랑을 받을수록 더욱 겸손한 태도를 보였으며, 어떠한 상황에서도 방송을 책임지는 모습에서 함께하는 사람들과 신뢰를 쌓았다.

이러한 모든 것이 쌓여 유재석은 존재 자체만으로 상대를 이끄는 초 강력한 매그넛(MAGNET) 파워를 갖게 된 것이다.

유재석의 경우처럼 매그넛 파워가 갖는 긍정적 영향력이 다양한 요소들과 더해졌을 때 대상의 긍정적인 가치와 브랜드 형성을 극대화할 수 있으며, 상대로부터 온전한 믿음을 얻을 수 있다. 그뿐만 아니라 상대의 생각과 행동에 영향을 줄 수 있는 초 강력한 매그넛(MAGNET) 파워를 발휘할 수 있다.

기부 천사 션-정혜영 부부

경험이 쌓여 형성된 매그넛(MAGNET)을 통한 긍정적인 영향력으로 인해 '가장 바람직한 삶을 사는 연예인 부부'에 등극한 이들이 바로 션-정혜영 부부이다. 이들은 '기부의 롤 모델'이라는 수식어가 있을 정도로 나눔을 실천하고 있다.

션의 아내인 정혜영은 2010년 3월 제44회 납세자의 날 기념식에서 모범납세자로 선정되어 대통령 표창을 받았다. 이는 기부에 앞서 기본에 충실한 신뢰를 심어주는 계기가 되었다.

션과 정혜영 부부는 2009년 CF 모델료 1억원을 '홀트아동복지회'에 기부한 뒤 매년 1억 원씩 꾸준히 기부하고 있다.

이들의 기부금으로 시작된 '꿈과 희망 지원금'은 현재도 계속되고 있다. 그뿐만 아니라 매달 2,000~3,000만원씩 기부한 금액이 모여 현재까지 기부금액은 35억 원이 넘는다. 션과 정혜영 부부는 자신들의 기부 현황이 방송을 통해 알려지기 전부터 꾸준히 선행을 베풀어 왔다. 션은 부유해서 나누는 것이 아니라 자신들의 행복을 타인도 느끼길 바라는 마음에서 나눔을 실천하고 있다고 방송에서 밝힌 바 있다.

션과 정혜영 부부가 보여준 모습을 대중이 인지했을 때 그들을 긍정적으로 기억하기에 충분하다. 왜냐하면 우리는 과거의 경험을 통해 불쌍한 사람을 돕고 자신이 가진 것을 아낌없이 나누는 사람에 대해 '착한 사람', '고마운 사람', '존경스러운 사람'이라는 매그넛(MAGNET)을 갖고 있으며, 션과 정혜영 부부의 행동이 이와 일치하기 때문이다.

대상의 매그넛(MAGNET)을 형성할 때 경험이 축적이 되어 작용하기 때문에 션과 정혜영 부부의 행동이 더욱 긍정적으로 평가받을 수 있었으며, 앞으로도 선한 영향력을 나누는 부부로 대중에게 기억될 수 있다.

션과 정혜영 부부는 '닮고 싶은 연예인 부부 1위'라는 상징성을 갖고 있다. 최수종-하희라, 차인표-신애라 부부를 잊는 잉꼬부부로도 유명하긴 했지만, 2014년 12월 22일 방송됐던 SBS '힐링캠프'에서 공유되었던 정보에 의해 형성된 매그넛(MAGNET)의 긍정적 영향력이 크게 작용했다.

방송에서 션은 결혼에 대한 정의를 다음과 같이 내렸다.

> "사람들은 보석을 찾는 것을 결혼이라고 생각해요.
> 보석을 만났다고 살아봤는데, 보석이 아니어서 실망하는 경우가 많아요.
> 저는 결혼을 원석을 만나 나로 하여금 보석을 만들어 가는 과정이라고 생각해요.
> 내가 사랑하는 사람을 보석으로 만들어가는 것이 얼마나 신나는 일이에요?!
> 반대로 나도 원석에서 만나 아내를 통해 보석이 되어가고 있는 거예요."

SNS나 블로그를 통해 션이 언급한 내용이 퍼지면서 션과 정혜영 부부를 부러워하고 동경하는 부부가 급격히 늘어났다. 이들 부부를 잘 몰랐던 사람들도 힐링캠프 방송과 매체의 정보를 통해 '본 받고 싶은 부부', '닮고 싶은 부부'라는 강한 매그넷(MAGNET)을 형성하였다.

근래에 활동이 적은 션과 정혜영 부부였기 때문에 이러한 정보를 바탕으로 형성되는 매그넷(MAGNET)이 더욱 극대화되었다. 그들에 대해 잘 알지 못하는 사람들일수록 사회적으로 노출된 긍정적인 정보를 훨씬 많이 반영하기 때문이다.

강력한 매그넷(MAGNET)으로 션과 정혜영 부부는 그들만의 상징성을 갖게 되었다. 이제는 션과 정혜영 부부하면 누구나 '기부 천사', '기부의 롤 모델', '싸움 없는 부부'라 떠올린다.

이처럼 대상에게 하나의 매그넷(MAGNET)이 작용함으로써 또다른 힘이 발휘되기도 한다. 정보로부터 형성된 매그넷의 긍정적인 영향력으로 인해 시각적인 파워가 발휘되는 것처럼 말이다. 우리의 일상 속에서 매그넷(MAGNET)은 대상의 가치 형성에 동시에 작용하기도 하고 연계적으로 영향을 미치기도 한다.

오늘은 어떠한 매그넛(MAGNET)이 작용했는가?

우리가 매그넛(MAGNET)과 떨어져 있는 경우는 잠잘 때를 제외하고 하루도, 한시도 없을 것이다. 지금까지도 우리는 의식하지 못한 채 자동으로 끌어당기는 현상인 매그넛(MAGNET) 파워의 영향을 받고 있다. 오늘도 변함없이 당신의 주변에서는 다양한 강력한 매그넛의 영향력이 발휘되고 있다.

- 외출 전 옷장 앞에서 고민했는가?
- 친구와의 약속 장소를 어떻게 찾았는가?
- 상대에게 당신을 평가하는 말을 들었는가?
- 주위의 풍경을 보며 미소 지었는가?
- 의미를 담은 제스처를 상대에게 보여줬는가?
- 오늘 어떠한 선입견이 생겼는가?
- 이유 없이 대상에게 이끌려 보았는가?
- 외부의 정보로 누군가를 판단했는가?
- 서로의 의견을 조율하기 위해 구체적 설명을 했는가?
- 동일한 대상을 보고 상대와 다른 것을 떠올렸는가?

위의 문항 중 오늘 겪은 것들이 있을 것이다. 오늘 겪지 않았어도 평소에 한 번쯤 겪었던 것일 수 있다. 하지만 이제 늘 같았던 하루가 조금은 새롭게 느껴질 것이다. 대상을 바라보는 당신의 시각 또한 전환될 것이다. 그뿐만 아니라 현대사회에서 사용되고 있는 강력한 힘을 지닌 '매그넛(MAGNET)'에 대해 조금은 깊이 있게 생각해 보는 시간을 갖게 될 것이다.

지금 눈앞에 보이는 간판의 로고부터 평소와 다르게 보이지 않는가?

CHAPTER 13
'관리의 힘'

강력한 MAGNET을 구축하기 위해
자신을 경영해라!!

13

-
-
-

MAGNET 앞에 당당해지는 방법

모든 대상은 매그넛(MAGNET)을 경험한다.
매그넛은 긍정적 영향력과 부정적 영향력을 갖는다.
이미지 경영을 통해 매그넛(MAGNET)을 극대화할 수 있다.

현대사회에서 자동끌림 현상인 매그넛(MAGNET) 경쟁력이며, 상대에게 전달되는 대상의 가치이다. 우리는 지금 이 순간에도 수많은 대상으로부터 매그넛을 형성하고 있으며, 스스로도 누군가에게 매그넛이 형성되는 대상으로서 존재하고 있다. 모든 대상은 가치가 형성될 때 매그넛(MAGNET)을 경험하게 된다.

매그넛(MAGNET)을 형성하는 요소는 다양하나 한 가지 요소만으로도 모든 것이 왜곡될 수 있으며, 매그넛이 갖는 영향력에 의해 대상의 가치가 실체와 전혀 다르게 형성될 수 있다. 따라서 상대에게 대상의 가치를 오해 없이 전달하고 긍정적인 매그넛(MAGNET)을 형성하고자 다양한 방법으로 노력하겠지만 좋은 방법 중 하나로 필자가 박사학위논문(2014)에서 자기관리능력과 성취목표지향성의 효과 검증을 한 지속적인 이미지 경영을 꼽을 수 있다. 이미지 경영을 통해 매그넛(MAGNET) 앞에서 보다 당당해질 수 있다.

어떻게 해 왔는가?

대상의 가치가 형성될 때 매그넛(MAGNET)이 영향력을 발휘한다. 이는 예외 없는 사실이다. 개인이 다양한 관계를 맺을 때 역시 매그넛을 경험하는데 이때 부정적인 영향력이 발휘된다면 자신의 가치가 왜곡되는 현상을 막기란 쉽지 않다. 따라서 매그넛의 긍정적인 영향력이 발휘되도록 개인의 지속적인 노력이 필요하다.

현대의 사람들은 매그넛(MAGNET)의 중요성을 알고 있기 때문에 자신의 가치를 긍정적으로 형성하기 위한 노력을 하고 있다. 하지만 우리가 강력한 매그넛(MAGNET)을 형성하고자 노력한 방법이 효과적인지에 대해 다시 한 번 생각해 볼 필요가 있다.

지금까지 당신이 매그넛을 형성하기 위해 스스로를 관리한 방법들을 떠올려보라. 무엇을 위한 노력이었는가? 다음의 체크리스트 중 5가지 이상 체크했다면 스스로를 관리하기 위한 방법을 바꿔볼 필요가 있다.

문항	내용	체크
1	상대에게 좋은 인상을 줄 수 있다면 나의 모습을 전체적으로 바꿀 수 있다.	
2	유행하는 스타일에 맞춰 외적으로 연출하는 방법이 매번 바뀌는 편이다.	
3	상대가 말하는 내 모습과 자신이 생각하는 모습이 다른 편이다.	
4	자신이 추구하는 바에 대해 명확하게 떠올리기가 힘들다.	
5	변화를 준다는 것이 두려워 오랫동안 비슷한 스타일을 유지하고 있다.	
6	상대가 나를 떠올리게 할 수 있는 대표적인 상징성이 없다.	
7	외모를 가꾸기 위해 노력해야 한다는 것에 동의하기 힘들다.	
8	주위에서 자신을 보고 변화가 필요하다는 말을 종종 한다.	
9	자신을 관리하기 위해 스스로 할 수 있는 부분이 적다고 생각한다.	
10	자신의 장점과 단점에 대해 정확히 설명하기가 어렵다.	

체크리스트 결과를 통해 지금까지 얼마나, 어떻게 자신을 관리했는지 알 수 있다.

현대사회에서 과거보다 매그넛(MAGNET)의 중요성이 커진 것은 사실이다. 이로 인해 방송매체에서는 자기관리를 위한 프로그램들을 다양하게 편성하고 있으며, 온라인에서도 다양한 정보들이 무궁무진하게 쏟아지고 있다. 그러나 이처럼 많은 정보 속에서도 자기관리에 대한 고민이 해결되지 않는 이유는 무엇일까? 바로 자기관리에 앞서 중요한 두 가지를 놓치고 있기 때문이다.

첫째, 자신이 추구하는 이상적인 이미지이다. 스스로 원하는 이미지가 모호하기 때문에 자신의 이미지를 향상시켜 줄 수 있는 관리 방법을 찾기가 어렵다. 일을 할 때 방향성과 목표가 명확하지 않은 상태에서 하는 노력이 긍정적인 결과를 이끌어 내기 힘든 것과 같은 이치이다.

둘째, 자신에 대한 객관적인 분석이다. 스스로를 잘 알지 못할 때 수많은 정보는 오히려 독이 될 수 있다. 자기분석이 부족할 때 매체나 온라인을 통해 인지한 방법이 무분별하게 받아들여질 수 있다. 자신의 신체적 구조, 환경, 직업, 상황, 강점, 약점 등을 분석하지 않은 채 외부의 것을 수용한다면 오히려 역효과가 날 수 있다.

당신도 위의 두 가지를 놓치고 있지는 않은가?

자신이 바라는 모습, 살고자 하는 방향, 명확한 스스로의 모습을 머릿속에 그린 후 매일 자신을 이끌어 나가는 것, 그것이 바로 이미지 경영이다. 현대사회를 지혜롭고 현명하게 살아가기 위해서는 이미지 경영을 통해 자신의 이상적인 이미지를 구축하고 이를 상대에게 오해 없이 전달하기 위한 노력이 필요하다. 이러한 지속적인 노력으로 이미지 경영이 생활화된다면 매그넛(MAGNET) 앞에 당당해질 수 있을 것이다.

이제부터 이미지 경영!

자신의 매그넛(MAGNET)을 강력하게 구축하기 위해서 필자는 이미지 경영 실천을 제안한다. 이미지 경영이란 희망하는 이상적 이미지를 설정한 후 이를 구현하기 위해 현재 상태의 분석을 바탕으로 체계적 목표와 계획을 수립하여 실천하고 스스로를 평가하는 자기관리를 말한다.[*]

지속적인 이미지 경영은 상대에게 자신의 이미지를 왜곡시키지 않고 전달할 수 있는 가장 좋은 방법이다. 효과적인 이미지 경영을 위한 프로세스는 다음의 다섯 단계로 구성된다.

---

[*]김혜리(2014). 개인이미지경영교육프로그램 개발 및 성취목표지향성과 자기관리능력에 미치는 효과분석. 박사 학위논문.

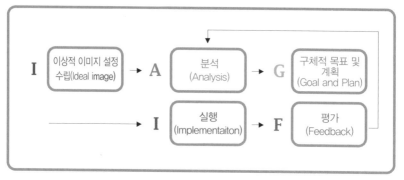

자료 IAGIF 모형*

첫 번째는 이상적 이미지(Ideal image) 설정 단계이다. 이 단계에서는 대상이 희망하는 이상적인 이미지를 뚜렷하게 하고 구축할 이미지 방향을 명확하게 한다. 이를 바탕으로 대상의 이미지를 소신 있게 구축할 수 있으며 위기 상황에 직면하더라도 혼란을 극복할 수 있다.

설정된 이상적 이미지는 대상이 희망하는 이미지에 도달하는데 원동력으로 작용하며 삶의 지표와 기준이 된다. 그뿐만 아니라 대상이 목표하는 바에 대한 성취욕구를 자극하고 동기 부여의 역할을 함으로써 능동적인 행동 변화를 촉구하므로 이미지 경영을 실천할 때 반드시 선행되어야 한다.

두 번째는 분석(Analysis) 단계이다. 이 단계에서는 효과적으로 이미지를 향상시키기 위해 자신을 스스로가 객관적으로 분석하여 참모습을 직시하게 한다. 대상의 과거, 현재, 미래를 비교·분석하여 대상이 갖는 장점, 단점, 강점, 약점, 기회, 위기 등을 정확히 인지할 수 있다.

---

*김혜리(2014) 위 논문.

이 단계가 제대로 진행된다면 '일주일 만에 14kg 감량', '한 달 만에 완벽한 언어 표현 구사' 등의 비현실적인 목표를 세우는 일은 없을 것이다. 대상에 대한 분석이 객관적이고 구체적일수록 현실 가능한 목표와 계획을 수립할 수 있으므로 두 번째 단계 또한 정성을 다해야 한다.

세 번째는 목표 및 계획(Goal and plan) 수립 단계이다. '계획' 하면 다음의 이미지를 떠올리는 사람들이 많을 것이다. 대부분의 사람들은 어릴 적에 이와 유사한 '생활 계획표'를 만들었던 기억이 있기 때문이다.

그러나 이것은 계획표가 아니다. 개인의 하루 일과를 보기 쉽게 정리한 '일정표'에 불과하다. 목표와 계획 수립은 이상적 이미지에 달성하기 위한 방법을 구체화하는 과정으로 장기적인 것에서부터 단기적인 것까지 세분화되어야 한다. 세 번째 단계는 지속적인 이미지 경영을 위해 매우 중요하다.

네 번째는 실행(Implementation) 단계이다. 자기분석을 통해 수립한 구체적인 목표와 계획을 실천하는 과정이며 대상의 이상적 이미지 구현을 위한 지속적인 노력을 말한다.

실행 단계는 개인의 이미지 형성에 중요한 역할을 한다. 명확한 이상적 이미지를 수립하지 않았거나 자기분석이 제대로 되지 않았을 경우 실행력이 떨어질 수 있으며 환경, 자산 등의 변수로 인해 실행을 하지 못하는 경우도 있다. 따라서 실행력을 높이기 위해서는 매 단계 정성을 다해야 한다.

다섯 번째는 평가(Feedback) 단계이다. 대상이 목표와 계획을 실행한 결과를 분석하고 평가하는 과정으로 긍정적인 방법과 개선사항을 인지할 수 있는 중요한 단계이다.

평가를 통해 스스로에 대한 객관적인 통찰이 가능하며 자신의 진행 방향에 적합한 계획을 재수립할 수 있다. 또한, 초기계획 수립 시 예상하지 못한 부분을 인지함으로써 보다 발전적이고 실천 가능한 계획을 수립할 수 있다. 평가가 완료되었으면 '이상적 이미지 설정 단계'가 아닌 '분석 단계'로 돌아간다. 평가는 이상적 이미지 구현을 위한 효과적인 방법을 찾기 위해 해야 하는 것이며 지속적이고 성공적인 이미지 경영을 할 수 있도록 주기적으로 이뤄져야 한다.

이미지 경영 프로세스는 '종결 시스템'이 아닌 '반복 시스템'이다. 즉, 이미지 경영은 순차적으로 각 단계를 이행한 후 마무리되는 것이 아니라 지속적으로 반복되는 절차이다.

이미지 경영은 개인의 이상적인 이미지가 실현될 수 있도록 이끌어주는 매우 체계적인 시스템이다. 강력한 매그넛(MAGNET)을 구축하여 행복한 삶을 살아가고자 한다면 이제 자신을 향하는 모든 부분을 긍정적으로 이끌기 위한 이미지 경영을 실천해야 하겠다.

개인의 이미지 형성 요소

개인의 이미지를 형성하는 요소는 크게 내적 이미지, 외적 이미지, 음성 · 언어 표현적 이미지, 사회적 이미지로 나뉜다. 효과적인 이미지 경영을 위해서는 각 요소의 전반적인 관리가 필요하다. 개인의 이미지 경영을 위해 관리해야 하는 세부적인 이미지 형성 요소*는 다음과 같이 분류된다.

이미지 유형		이미지 형성 요소
내적 이미지	자아	주관적 자아, 객관적 자아, 이상적 자아, 상황적 자아, 자아정체성, 자아존중감, 자기효능감, 자신감
	감정	사랑, 질투, 분노, 행복, 좌절, 기쁨, 슬픔, 설렘, 실망, 고통
	심리	안정감, 만족감, 불안감, 불만감, 열등감, 죄책감, 상실감, 허무감, 무력감, 수치심
	사고	긍정적 사고, 부정적 사고, 감정적 사고, 이성적 사고, 중립적 사고, 과거지향적 사고, 미래지향적 사고, 가치관, 신념, 판단
	동기	내재적 동기, 외재적 동기
외적 이미지	신체	얼굴, 형태, 구조, 표정, 체형, 상체, 하체
	컬러	색채, 배색, 퍼스널 컬러, 힐링 컬러
	뷰티	피부, 메이크업, 헤어, 네일, 풋, 패션, 향기
음성 · 언어 표현적 이미지	음성	발성 기관, 공명 기관, 조음기관, 호흡, 발성
	언어 표현	말의 속도, 억양, 목소리의 크기, 발음, 강조, 장 · 단음, 감정이입, 끊어 읽기, 포즈
사회적 이미지	환경	가정, 문화, 사회, 지역, 국가
	자산	시간, 물적, 인적, 지적
	행동	태도, 매너, 에티켓, 예절, 습관, 사회적 행동
	관계	개인, 집단, 기업, 국가
	가치	사회적 지위, 커리어, 브랜드
	자질	신뢰, 신용, 리더십, 팔로우십, 경험

---

*김혜리(2014) 위 논문

내면의 위기, 한국

　현재 한국에서는 입에 담을 수 없을 만큼 끔찍한 범죄가 심심찮게 일어나고 있다. 성별, 연령, 직업을 불문하고 개인의 내적 혼란으로 인해 크고 작은 사건들이 끊임없이 발생하고 있다.

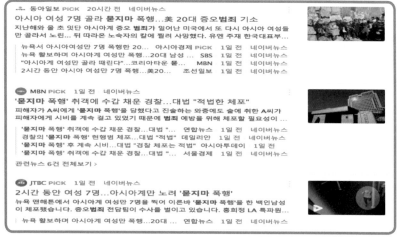

자료 : https://search.naver.com/

　자아가 온전치 못해 발생된 범죄, 감정을 절제하지 못하고 충동적으로 저지른 범죄, 심리적 압박이나 사고의 오류로 인한 범죄, 삶의 동기를 느끼지 못하고 저지르는 범죄 등 범죄의 내막을 들여다보면 안타까운 부분들이 많다. 과거에는 악의를 품고 범죄를 계획한 자들이 흉악범죄를 저지르는 경우가 많았다. 그러나 현대에는 주위에 너무나 바르던 청년이, 친근했던 이웃이, 범죄를 저지를 것이라고는 전혀 예상치 못했던 인물들이 일으키는 범죄의 빈도가 높아졌다. 평범한 사람의 내면의 붕괴로 인해 발생되는 사건들이 많아졌다는 얘기다.

'이미지'라 하면 흔히 외면으로 드러나는 것부터 떠올린다. 하지만 사람의 내면이 건강하지 못하면 겉으로 드러나는 외면이나 행동이 올바르게 표출될 수 없다. 이러한 이미지를 통해 긍정적인 매그넛(MAGNET)을 형성하고 개인이 추구하는 이상적 삶의 방향을 구현하기 위해서는 건강한 내면 구축이 선행되어야 한다.

내면을 구성하는 요소는 자아, 감성, 심리, 사고, 동기 등으로 나뉘며 내면을 형성할 때 중요한 역할을 한다.

자아는 심리학적으로 자신에 대한 의식이나 관념을 뜻한다. 자신에 대한 명확한 인지, 자신의 존재 가치를 귀하게 여기고 있는 정도, 개인이 중심적으로 경험하는 감정과 심리 등에 따라 내면이 다르게 형성된다. 기쁨, 즐거움, 행복 등의 감정과 만족감, 자신감 등의 심리를 중심으로 경험한 사람과 괴로움, 슬픔, 실망, 좌절 등의 감정과 열등감, 상실감 등의 심리를 중심으로 경험한 사람의 내면 상태는 다를 수밖에 없다.

개인의 사고 방향과 삶의 동기 유무에 의해서도 내면이 달라질 수 있다. 삶에 대한 명확한 동기가 있으며, 긍정적으로 사고하는 사람은 그렇지 않은 사람에 비해 내면이 더욱 건강하고 성숙하게 구축되어 있을 것이다.

따라서 개인의 내면을 바람직하게 경영하기 위해서는 내면을 구성하는 형성 요소를 통합적으로 관리해야 하며, 항상 자신의 내면에 관심을 갖는 습관이 필요하다. 또한, 개인의 내면은 타인과의 관계에서 매그넛(MAGNET)으로 인해 강하게 영향을 받으므로 부정적인 자극보다는 긍정적인 자극을 주고받을 수 있도록 서로의 노력이 필요하다.

눈으로 보이는 당신의 가치

우리는 대상을 평가하거나 판단할 때 시각적인 요소를 많이 반영한다. 이는 사람을 대할 때도 마찬가지이다.

구인구직 사이트 '알바몬'의 설문조사 결과, 다음과 같이 '외모도 경쟁력이다'라는 의견에 응답자 절반 이상이 동의하는 것으로 나타났다. 특수한 상황에 따라 동의한다는 응답자까지 더하면 전체의 80%에 가까운 응답자가 이 의견에 동의한다는 것이다.

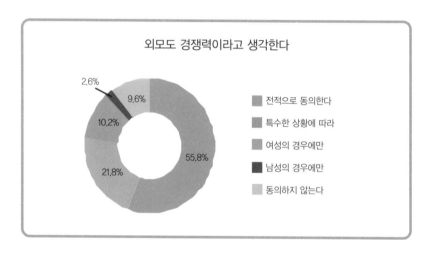

이처럼 현대에서 외모는 단순히 개인의 아름다움을 평가하던 미적 기준을 넘어 대상의 경쟁력 즉, 가치를 평가하는 요소로도 작용하고 있다. 냉정하게 생각해보라. 당신이 인간관계를 할 때 상대의 외모에 어떠한 영향도 받지 않는다고 확언할 수 있겠는가?

우리는 상대의 외모를 중요하게 생각하고 있다. 노골적으로 드러내지 않을 뿐 외모는 한 개인을 평가하고 판단하는데 매우 중요한 요소로 작용하는 것은 분명한 사실이다. 따라서 성공적인 인간관계를 하고자 한다면 자신의 매그넛(MAGNET)을 긍정적으로 구축할 수 있도록 외모 관리에 관심을 가져야 한다.

외모를 구성하는 형성 요소는 크게 신체, 컬러, 뷰티 등으로 나뉘며 개인의 가치를 외적으로 드러낼 때 중요한 역할을 한다.

신체는 얼굴과 체형으로 나뉜다. 얼굴의 형태, 구조, 표정, 상체와 하체의 비율, 특징 등을 정확히 분석하여 자신의 신체적 장점을 부각시키고 단점을 보완할 수 있는 연출을 했을 때 상대에게 호감을 주는 외모를 형성할 수 있다.

개인의 특성에 적합한 연출을 할 때 매우 중요한 요소가 바로 컬러이다. 같은 디자인의 의상을 입거나 동일한 방법으로 메이크업을 하더라도 사용한 컬러에 따라 외모가 다르게 형성될 수 있다. 따라서 퍼스널 컬러 진단을 통해 자신에게 어울리는 컬러를 정확히 인지해야 한다. 또한, 휴먼 컬러를 적용한 컬러 배색과 컬러 활용 방법을 숙지하여 적합한 컬러를 사용한다면 개인의 매력 지수를 한층 더 상승시킬 수 있을 것이다.

개인의 외모에 직접적인 변화를 주는 것이 뷰티 영역이다. 피부, 메이크업, 헤어, 네일, 풋, 패션, 향기 등 뷰티 영역의 다양한 부분을 관리한다면 상대에게 보다 호감적으로 기억되어 강한 매그넛(MAGNET)을 구축할 수 있을 것이다.

외모를 관리할 때 반드시 고려해야 하는 것이 때, 시간, 장소, 사람이다. 개인이 노출될 상황에 대해 정확하게 인지하여 본의 아니게 상대에게 결례를 하거나 부정적인 매그넛(MAGNET)을 형성해 관계가 어색해지는 상황을 겪지 않도록 노력해야 할 것이다. 또한, 무조건적인 유행 추구가 아닌 각 개인이 추구하는 바를 구현하기 위해 노력한다면 상대에게 자신의 가치를 왜곡 없이 전달할 수 있을 것이다.

보이지 않아도 알아요, 제2의 얼굴!

"잘 자요~" 하면 누가 생각나는가? 아마도 당신은 머릿속으로 성시경의 달달한 음성과 그의 부드러운 미소가 함께 떠올랐을 것이다. 아니면 평소 잘 자라고 인사 나눈 사람이나 주위에 목소리가 좋은 사람이 떠올랐을 것이다.

일상 속에서 개인의 음성이나 언어 표현법만 듣고도 상대를 평가해 본 경험이 있지 않은가? 음성이 날카롭고 말의 속도가 빠르며 직설적인 표현을 쓰는 상대에 대해 '공격적인 사람'이라고 생각하는 것처럼 말이다. 이와 같이 개인의 음성이나 표현법만으로도 특정한 매그넛(MAGNET)이 형성될 수 있다.

제2의 얼굴이라고 해도 과언이 아닐 만큼 중요한 음성과 언어 표현법이 사회적으로 큰 문제가 되고 있다. 예전에는 말하다 실수로 욕이 섞였다면 요즘은 말을 하는지 욕을 하는지 구분할 수 없을 정도로 언어 표현의 문제가 심각하다.

욕설뿐만 아니라 단어를 비정상적으로 조합한 은어, 본래의 의미를 분절시킨 축약어, 전혀 새로운 의미를 담은 신조어 등 언어파괴는 이미 남녀노소 누구에게나 일어나고 있는 현상이다. 이처럼 잘못된 언어 표현은 일상 속에서 상호 의사소통을 방해하는 요소가 될 뿐만 아니라 상대의 오해를 살 수 있으며, 나아가 개인의 이미지 형성에도 부정적인 영향을 미칠 수 있다.

말은 상대에게 엄청난 영향력을 발휘할 수 있다. 잘못된 언어 표현은 '눈에 보이지 않는 흉기'라고 할 만큼 무서운 결과를 초래할 수도 있으므로 꾸준한 훈련을 통해 올바른 음성을 갖추고 바람직한 언어 표현을 해야 한다. 호감적 매그넛(MAGNET)을 형성할 수 있는 음성·언어 표현적 이미지 형성 요소는 음성과 언어 표현으로 나뉜다. 이는 자신의 의견이나 감정을 전달할 때 중요한 역할을 한다.

음성은 발성 기관, 공명 기관, 조음 기관을 거치면서 생성되며 개인의 매그넛(MAGNET) 형성에 영향을 미친다. 타고난 음성을 바꾸는 것은 쉽지 않지만 지속적인 호흡과 발성훈련을 통해 자신이 추구하는 이상적 음성에 가까워질 수 있다. 언어 표현은 상대에게 말의 속도, 억양, 목소리의 크기, 발음, 강조, 장·단음, 감정이입, 끊어 읽기, 포즈 등을 통해 다양하게 전달된다. 시대와 장소, 상황, 사람에 적합한 화법을 사용하면 의사 전달력을 높일 수 있으며, 소통을 원활하게 할 수 있다.

음성과 언어 표현은 개인의 매그넛(MAGNET) 형성에 영향을 줄 뿐만 아니라 타인에게 미치는 영향력 또한 매우 강력하므로 바람직한 음성과 언어 표현 능력을 갖출 수 있도록 지속적으로 노력해야 한다.

관계를 결정짓는 비밀의 열쇠

현대사회는 1인 1가구가 점점 증가하고 있으며 이로 인해 개인주의 성향이 더욱 짙어지고 있다. 현대인들은 혼자 자신의 삶을 살아가면서 인간관계의 필요성을 크게 느끼지 못하지만 인간관계를 해야 할 때는 어려움을 겪고 있다.

인간(人間)이란 '사람과 사람 사이'를 의미한다. 인간이 인간답게 살아가기 위해서는 서로 교류하고 화합하며 함께 어울려야 한다. 타인과 우호적인 관계를 맺기 위해서는 사회적으로 형성되는 신뢰를 통한 강력한 매그넛(MAGNET)을 구축해야 한다. 사회적으로 이미지를 형성하는 요소는 환경, 자산, 행동, 관계, 가치, 자질 등이 있으며 이 요소들은 타인과 관계를 맺을 때 중요한 역할을 한다.

환경은 가정, 문화, 사회, 지역, 국가 등을 일컫는다. 환경이 갖는 매그넛(MAGNET)이 사회적으로 개인의 가치 형성에 영향을 미친다. 즉, 어떠한 환경 속에 노출되어 있느냐에 따라 개인의 사회적 가치가 달라질 수 있다.

자산은 시간, 물적, 인적, 지적 등을 의미한다. 자산의 규모와 활용도에 따라 개인의 가치가 달라질 수 있다. 자산을 무엇이든 많이 축적하는 것이 좋을 수 있겠지만 적은 자산이라도 나눔을 실천하며 행복한 사회를 만들어가는 사람들처럼 무엇보다 자신의 자산 가치를 알고 의미 있게 사용할 필요가 있다.

행동은 개인의 태도, 매너, 에티켓, 예절, 습관, 사회적 행동 등 겉으로 드러나는 모습을 말한다. 우리는 대상을 평가할 때 무의식적으로 상대의 행동을 반영한다. 따라서 인간관계를 할 때에는 개인의 태도를 분명히 하고 에티켓과 예절을 지키며 매너 있게 행동해야 한다.

관계는 개인, 집단, 기업, 국가 등 개인이 맺고 있는 관계의 범위를 말한다. 개인이 관계를 맺고 있는 대상과 관계를 유지하는 방법은 개인의 사회적 매그넛(MAGNET) 형성에 중요한 영향을 미친다.

가치는 사회적 지위, 커리어, 브랜드 등 개인이 영향력을 발휘하는 데 도움이 되는 개인의 특별함을 의미한다. 우리는 사회로부터 인정과 존중을 받고자 하는 욕구가 있으며, 사회의 일원으로서 그 소임을 다하고자 한다. 사회에서 가치 있는 사람이 되기 위해서는 자신의 능력을 발휘하기 위한 준비가 필요하다.

자질은 신뢰, 신용, 리더십, 팔로우십, 경험 등 사회생활을 하는 데 갖추어야 할 덕목을 말한다. 개인이 갖고 있는 자질에 따라 상대의 평가가 달라지므로 자신이 갖추어야 할 자질이 무엇인지 인지하고 이를 갖추기 위해 노력해야 한다.

바람직한 사회적 매그넛(MAGNET)를 형성하기 위해서는 사회적으로 가치를 형성하는 요소를 숙지하고 각 요소를 관리하기 위해 노력해야 한다. 개인의 사회적 매그넛(MAGNET)이 바람직하게 형성되었을 때 개인의 가치 향상뿐만 아니라 우리가 살고 있는 사회도 한층 따뜻하고 인간미 넘치게 변할 수 있을 것이다.

매일매일 이미지 경영!

강력한 매그넛(MAGNET)을 갖추기 위해서 개인을 성장시키는 모든 요소를 하나도 놓치지 않고 통합적으로 관리하기란 쉽지 않다. 따라서 다음의 활동지를 통해 주기적으로 자신의 현주소를 점검할 필요가 있으며, 부족한 부분을 관리하기 위한 노력을 지속해야 할 것이다.

한 번 형성된 강력한 매그넛(MAGNET)은 돈, 권력, 스펙이 아니더라도 당신이 뜻하는 바를 이루는 데 원동력이 될 것이다. 자동으로 끌어당기는 힘을 갖춰 자석처럼 이끌려지는 사람이 되기 위해서는 꾸준히 스스로를 성장시키고, 자신의 가치를 오해 없이 상대에게 전하기 위해 노력해야 한다.

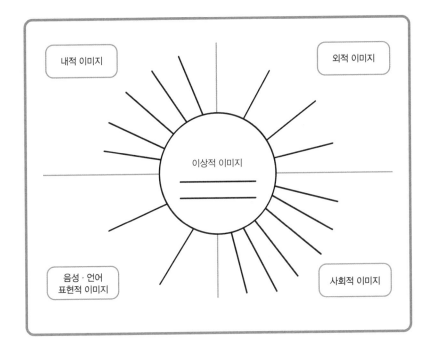

• 작성방법

1. 자신의 이상적 이미지를 중심에 작성한다.

2. 이미지 영역에 맞게 각각의 형성 요소를 기입한다.

3. 각 형성 요소에서 자신이 원하는 이미지를 선 끝엔 작성한다.

4. 현재의 만족도를 점으로 표기하고 수치를 함께 작성한다.

5. 체크한 점을 하나의 선으로 잇는다.

6. 전체를 이은 선을 확인한다. 이은 선이 둥근 원형으로 될수록 이미지 경영을 잘 실천하고 있는 것이다.

지속적인 이미지 경영을 통해 긍정적으로 자신의 매그넛(MAGNET)을 강화시킬 수 있을 것이며, 상대에게 자신의 가치를 진정성 있게 전할 수 있을 것이다.

CHAPTER 14
'磁MAGNET의 힘'

한 편의 영화 같은 강연
김혜리 이미지 콘서트

14

- ·
- ·
- ·

한 편의 영화 같은 강연
김혜리 이미지 콘서트

긍정 가치를 보라.
생생하게 기억하라.
자동으로 끌어라.

'김혜리 이미지 콘서트'는 이미지 파워로 인한 자동끌림인 매그넛(MAGNET)을 생생하게 경험할 수 있는 강연 콘서트이다. '힘들지만 이겨내라', '억울해도 인내해 봐라', '견딜 수 없으면 즐겨라', '고생 뒤에 반드시 보답이 있을 것이다' 등의 뻔한 메세지를 주는 강연이 아니다. 힘든데 어떻게 이겨내고 죽겠는데 어떻게 즐기겠는가.

다만, 상상해보라!!

자신의 가치를 떠올려 보고, 분명한 삶의 방향을 그려보라. 보는 것은 듣고 지나가는 것과 다르다. 백문(百聞)이 불여일견(不如一見)이지 않은가?

공자(公子)는 '들은 것은 잊어버리기 쉽고, 본 것은 기억하기 쉽고, 직접 해본 것은 이해하기 쉽다'고 했다. '김혜리 이미지 콘서트'를 통해 보면서 듣고, 보면서 직접 해 봄으로써 말과 메세지로 인한 일시적인 여운이 아닌 직접 체득되는 깊은 감동을 만나게 될 것이다.

당신이 선택한 시간이 당신의 삶을 더욱 가치 있게 만들어줄 것이다. 오라, 그리고 보라!

십분 발휘하기

노래는 사람의 감정을 자극시키며 그 느낌이 머릿속에 오랫동안 기억될 수 있도록 도와준다. '김혜리 이미지 콘서트'를 통해 다양한 노래와 함께 하면서 자신의 깊은 내면과 소통하는 시간을 가질 수 있으며 음악과 함께 힐링할 수 있다.

필자는 다양한 악기를 다룰 수 있다는 장점을 살려 감동을 전할 공연을 준비했으며, 이 콘서트를 위해 전하고자 하는 메세지를 담은 음원도 제작했다. '김혜리 이미지 콘서트'는 음악을 통해 청중이 스스로 자신을 사랑할 수 있는 순간을 선물한다. 또한, 노래와 하나 된 메세지를 가슴 속에 새기면서 인생의 그림을 또렷하게 그릴 수 있는 시간을 만나게 한다.

'김혜리 이미지 콘서트'와 함께하는 사람이라면 음악으로 느끼고 변화하며 삶을 긍정적으로 바라보는 에너지를 얻을 수 있을 것이다.

충분히 교감하기

'김혜리 이미지 콘서트'에 참여하면서 자신이 갖고 있는 크고 작은 고민에 대해 나누고 교감할 수 있다. 현재 겪고 있는 어려움에 대해 얘기하고 많은 사람들과 함께 공감하면서 고민을 해결할 수 있는 방법을 찾을 수 있다.

필자는 지금까지 강연 콘서트를 진행해오면서 관객들의 많은 고민을 접하였다. 취업, 연애, 인간관계, 가족 등 다양한 고민들을 들으며 현대사회의 청년들이 겪는 어려움을 알 수 있었다. 그들과 함께 눈을 맞추고 마음을 보듬으면서 뒤엉켜있는 삶의 이미지가 분명해지도록 이끌어주는 시간을 통해 고민을 조금이나마 내려놓을 수 있도록 간절히 바랐다. 지금도 그들과 나눴던 뜨거운 포옹을 잊을 수가 없다.

　'김혜리 이미지 콘서트' 진행 전 '컨설팅' 신청을 하면 직접 컨설팅을 생생히 경험할 수 있다. 선정된 참여자는 전문가와 함께 강점을 키우고 단점을 보완하여 원하는 삶을 살아나가기 위한 스스로의 변화를 시작할 기회가 주어진다.

　참여자는 컨설팅 이후 매그넛(MAGNET)의 놀라움을 경험하게 될 것이며, 무대에서 함께 교감하면서 스스로를 더욱 사랑하게 될 것이다.

챙겨서 나누기

　여유가 없어 나눔의 기회를 만나기 힘든 요즘이다. 필자 또한 앞만 보며 자신의 삶을 지탱하기에도 정신없던 날들이 있었다. 앞으로는 나아갔지만 주변을 살필 수가 없었다.

　사람들은 지금보다 조금만 여유가 생긴다면 나눔을 실천하면서 살 수 있을 것 같다는 생각을 가끔씩 할 것이다.

그러나 참 신기하게도 '나눔을 위한 여유'는 자연적으로 생기지 않았다. 즉, 스스로가 나눔을 실천하기 위한 여유를 챙겨서 만들어야 한다는 것이다.

필자는 '김혜리 이미지 콘서트'를 통해 바쁘게 살아가는 현대인들에게 '나눔'을 실천하는 것이 어렵지 않다는 것, 아주 작은 것이라도 가능하다는 것을 알려주고 싶다.

거창하게 드러내거나 거액의 기부를 할 필요도 없다. '김혜리 이미지 콘서트'의 메세지와 함께하는 활동을 통해 당신의 마음속에서 진정으로 우러나는 말과 행동을 나누는 것만으로도 세상 속에서 작은 행복을 발견하는 계기가 될 수 있다는 것을 느낄 수 있을 것이다.

분명히 전달하고 생생하게 그리기

현대인들은 일이나 사람에게 '잘'하는 방법에 대해 너무나 많이 알고 있다. 그러나 일, 사람, 환경 심지어 자신까지도 진정으로 '사랑'하는 방법에는 서툰 이들이 많다.

'김혜리 이미지 콘서트'를 통해 참여한 대상은 스스로가 세상 그 무엇과도 비교할 수 없는 '귀인(貴人)'이라는 것을 알게 될 것이다. 뿐만 아니라 매그넛(MAGNET)을 이해하면서 자신의 가치를 발견하고 그것을 이끌어낼 수 있는 방법을 습득하게 될 것이다.

강연은 메세지가 있지만 왠지 어렵고 딱딱하고, 콘서트는 즐겁지만 뭔가 공허한 감정을 느꼈던 적이 있지 않은가? 이 두 가지의 장점을 융합한 '김혜리 이미지 콘서트'를 통해 즐겁게 참여하고 깊은 감동을 느끼다 보면 어느새 자신의 삶의 방향이 선명하게 그려지는 것을 경험할 수 있을 것이다.

즐겁게 익히고 깊은 감동으로 기억해 보라! 그것이 강력한 자동끌림, 'MAGNET' 의 원천이 될 것이다.

원 없이 터트리기

'김혜리 이미지 콘서트'는 '강연 콘서트'이다. 즉, 당신과 깊은 교감을 나눌 수 있 는 메세지뿐만 아니라 고민과 스트레스를 시원하게 날려버릴 수 있는 콘텐츠가 다 양하게 구성되어 있다. 정해진 일정을 살아가는 대부분의 사람들, 일상의 스트레스 를 해소해야 지치지 않고 자신이 소망하는 삶을 현실에서 만날 수 있다.

미친 듯이 일만, 공부만 하는 '꿈 바라기'가 되지 마라. 강력한 자기장의 파워를 활용함으로써 화끈하게 놀고 제대로 즐기며 집중할 줄 아는 '마그네터(MAGNETER)'가 돼라. 꿈은 간절한 바람만으로 이루어지는 것이 아니다. 현실을 살펴 가며 포기하지 않고 보호해 나갈 때 비로소 자신이 바라던 소중한 미래의 모습을 만나게 될 것이다.

희열과 감동으로 생생히 기억하기

'김혜리 이미지 콘서트'는 당신에게 어떤 것도 강요하지 않는다. 다만, 두 시간이 조금 넘는 시간 속에서 함께 웃고, 울고, 나누고, 교감하면서 스스로가 소망하는 삶의 방향을 마음속 깊이 새길 수 있도록 장을 마련하고 있는 것이다. 그것이 곧 스스로 '마그네터(MAGNETER)'가 되게 하는 원동력이 될 것이기 때문이다.

인생의 주인공은 당신이다. 필자는 '김혜리 이미지 콘서트'를 통해 당신이 스스로의 삶에 보다 관심을 갖고 직접 삶의 주체가 되기를 기대한다. 인상적인 영화의 한 장면처럼 당신의 매그넛(MAGNET) 파워를 키워 희망하는 삶을 살기를 희망한다. '김혜리 이미지 콘서트'에서 바로 당신이 어느 누구보다 많이 웃고, 울고, 나누며, 깊은 곳 본연의 '가치'를 깨달음으로써 그 어떤 상황에도 자신이 원하는 바대로 자신을 이끌 수 있기를 진심으로 바란다.

당신의 소리로 '더 나음'을 준비하기

'김혜리 이미지 콘서트'가 추구하는 것, 바로 당신의 삶이 행복해지는 것이다. 필자는 '강연 콘서트'에 참여하는 모두가 자신의 가치를 발견하는 행복, 함께 나누는 행복, 서로 교감하는 행복 등 더 많은 행복을 느낄 수 있도록 항상 '더 나음'을 준비하고 있다.

특히, 관객 참여게시판과 SNS를 통한 콘서트 강연 후기를 참고하여 다음 콘서트에 반영한다. 쓴소리, 단소리, 미운 소리, 고운 소리 등이 모든 것이 '김혜리 이미지 콘서트'의 더 나은 다음을 만들어왔다. 늘 관심과 사랑으로 마음의 소리를 들려주신 모든 분들께 이 책을 통해 서면으로나마 감사 인사를 드린다.

'김혜리 이미지 콘서트'는 글이 아닌, 말뿐이 아닌, 생생한 매그넛(MAGNET)을 통해 관객과 소통한다. 어렵거나 지루하지 않고 관객이 보는 순간 느끼고 오랫동안 기억될 만큼 가치 있는 강연 콘서트를 만들기 위해 앞으로도 많은 노력을 할 것이다.

'김혜리 이미지 콘서트'에서 이미지 파워로 인한 자동끌림, 매그넛(MAGNET)을 생생히 경험해보라! 그날의 감동은 한 편의 영화처럼 당신의 머릿속에 깊이 기억되어 당신을 강력하게 이끌어 줄 것이다.

김혜리 이미지 콘서트에서, 매그넛(MAGNET)을 실감하라!

지금까지 '김혜리 이미지 콘서트'는 '시즌 4'까지 진행되었다. '시즌 1. 내 인생의 열정을 찾아라!', '시즌 2. 내 인생의 감동을 찾아라!', '시즌 3. 내 인생의 비전을 찾아라!', '시즌 4. 내 인생의 꿈을 찾아라!'를 주제로 많은 사람들이 매그넛(MAGNET)을 실감하였다.

　　이제 당신 차례다. 이 책을 통해 자동적으로 끌어당기는 현상인 매그넛(MAGNET) 의 중요성을 인지했다면 주저하지 말고 '김혜리 이미지 콘서트'에 함께하여 당신의 머릿속 기억된 모든 것과 마주하라!

　　이미지로 소통하고 교감한 이미지 콘서트의 경험이 당신의 머릿속에 또 하나의 소중한 추억으로 기억될 것이며, 기억된 경험은 매순간 강력한 매그넛(MAGNET)으로 당신의 삶을 보다 가치있게 이끌어줄 수 있을 것이다.

김혜리 이미지 콘서트 엿보기!

APPENDIX
MAGNET 플러스

유형별 MAGNET 컨설팅

당신은 이 책의 표지에 주목했었는가? 이 책은 앞서 설명한 바와 같이 매그넛 (MAGNET)을 통해 살아 있는 사례를 담은 책이다. 만약 책 표지에 주목하지 않았다면 다시 한 번 자세히 살펴보라. 그리고 다음의 내용을 참고하여 현재 자신의 가치를 객관적으로 인지하기 바란다.

호감형 매그넛 지수 | 100~80점

• 호감형 특징

호감형으로, 매그넛(MAGNET)은 매우 좋은 편이다. 누구나 쉽게 다가설 수 있는 친근한 인상을 갖고 있으며 상대에게 편안함을 느끼게 한다. 호감형의 사람들은 자신을 사랑할 줄 안다. 당당하고 활기차며 스스로에 대한 자신감을 갖고 있기 때문에 삶에 대한 의욕도 대단히 강하다.

편안한 목소리와 공격적이지 않은 표현법 덕분에 사람들은 호감형 사람과의 대화를 즐겁게 생각한다. 또한, 바른 자세와 태도로 많은 사람들의 신임을 얻고 있다. 이들은 상대와의 약속을 중요하게 여기며, 보다 나은 인간관계를 형성하고 유지하기 위한 노력을 지속적으로 하고 있는 사람이다. 호감형의 매그넛(MAGNET)으로 상대를 이끌기에 충분하다.

• 발생할 수 있는 문제

당신의 호감적인 매그넛(MAGNET)으로 인해 주위의 많은 사람들이 당신을 좋아하고 가까이 하려고 한다. 그러나 많은 사람들과 함께 하면서 서로 오해가 발생하거나 원치 않는 갈등 상황에 놓이게 될 수도 있다.

항상 인기가 많고 바른 모습에 상대가 시기하거나 질투하여 관계가 다소 부정적으로 형성될 수 있다. 또한, 처음부터 상대에게 큰 기대를 주게 되어 당신의 모습을 왜곡시킬 수 있다.

• 현명한 대처방안

당신은 인간관계 시, 상대를 존중하고 배려하기 위한 노력과 겸손한 태도를 가질 필요가 있다. 당신에게서 우월감이나 자만심에 찬 태도가 보일 때 상대는 당신을 부정적으로 왜곡시킬 수도 있다는 것을 기억해야 한다. 매그넛(MAGNET)은 변화될 수 있기 때문에 자신을 긍정적으로 관리하기 위한 노력을 지속적으로 해야 한다. 현재 호감적인 매그넛을 갖춘 당신이지만 관리를 소홀히 했을 때 상대에게 늘 호감적인으로 기억될 것이라고는 장담할 수 없다. 따라서 자신을 보다 발전시키고 나아가 긍정적 매그넛 형성을 위해 집중할 필요가 있다. 꾸준한 훈련을 통해 형성된 긍정적 매그넛을 통해 원하는 것을 얻을 수 있다. 또한, 그 과정에서 자연스럽게 원만한 인간관계를 유지할 수 있을 것이다.

매그넛지수 | 80~50점

• 평범형 특징

평범형의 매그넛은 특징이 크게 도드라지지 않는 편이다. 매그넛 때문에 딱히 큰 손해를 보거나 오해를 불러일으킬 우려는 없다. 이러한 이유로 평범형은 인간 관계 시 문제를 일으키거나 갈등 상황에 연루되는 일이 드물다. 평범형은 사람들을 주목시키거나 이끌기는 부족하지만 상대에게 불편한 감정을 느끼게 한다거나 거부감이 들게 하지 않는다. 이러한 현상이 지속되었을 때 평범형의 사람이 타인에게 부정적으로 기억되는 일은 거의 없겠지만 상대에게 인상 깊게 기억되는 일도 드물 것이다.

• 발생할 수 있는 문제

당신은 상대에게 자신을 각인시킬 뚜렷한 매그넛이 부족하기 때문에 만나는 사람들의 기억에서 희미해지기 쉽다. 이미지로 대상을 기억하는 현시대에서 분명한 매그넛이 구축되어 있지 못한 것은 추후 당신의 약점이 될 수도 있다. 호감적이지 못한 모습으로 인해 당신은 내성적이고 적극적이지 못한 사람으로 오해받을 수 있다. 매사에 적극적으로 참여할 준비가 되어있다 하더라도 상대에게 형성된 매그넛으로 인해 불이익을 받을 수도 있다. 또한, 성장의 기회가 적어지거나 당신이 평가받는 상황에서 과소평가되는 등 다소 부정적인 상황에 부딪힐 수 있다.

- 현명한 대처방안

매그넛(MAGNET)은 개인의 노력을 통해 개선시킬 수 있다는 특징이 있다. 따라서 자신을 표현할 수 있는 장점을 파악하여 그것을 자신의 가치로 구축할 수 있도록 노력한다면 호감적인 매그넛을 형성할 수 있을 것이다.

먼저, 당신은 이상적 이미지를 구축할 필요가 있다. 자신이 원하는 이미지가 무엇인지, 상대에게 어떤 이미지로 기억되고 싶은지를 분명히 해야 한다. 이를 바탕으로 자신의 장점과 단점을 정확히 파악하여 상대에게 뚜렷하고 좋은 매그넛를 형성시킬 수 있도록 노력해야 한다. 자신의 현재 상태를 분석하기 위해 '나는 긍정적인 사람인가?', '나는 호감을 주기에 충분한가?', '나의 목소리는 어떠한가?', '나는 다른 사람을 배려하고 있는가?' 등의 질문을 스스로 해보는 것도 좋은 방법이다.

자신을 분석했다면 이미지 4영역을 통합적으로 관리해야 한다. 건강한 내적 이미지, 매력적인 외적 이미지, 호감을 주는 음성·언어 표현적 이미지, 신사적인 사회적 이미지를 갖춘다면 당신은 분명 상대를 긍정적으로 매그넛(MAGNET) 할 것이다.

매그넛은 계속해서 변화할 수 있는 것이라는 사실을 잊지 말고 이제부터 지속적으로 경영한다면 당신만의 고유한 가치를 구축할 수 있을 것이며, 상대에게 소중한 사람으로 기억될 수 있을 것이다.

불안형 매그넛 지수 | 50점 미만

· 불안형의 특징

불안형의 매그넛은 호감적으로 형성되기 어려운 편이다. 상대가 접근하기 어려운 인상을 갖고 있으며 자신의 의도와 다르게 상대가 불편함을 느낄 수 있다. 그러나 불안형의 사람 중 자신이 타인에게 부정적으로 인식되고 있다는 것을 인지하지 못하는 사람이 많다.

불안형은 상대에게 자신도 모르게 공격적인 말이나 방어적인 언어 표현을 할 때가 종종 있다. 또한, 바르지 못한 자세와 무표정한 얼굴은 상대의 오해를 사는 주요인이다. 불안형은 인간관계에 서툴러서 작은 실수를 하기도 하고 잘 해보려 한 행동을 상대가 왜곡하여 받아들임으로써 마찰이 발생하는 상황을 겪기도 한다. 불안형은 상대에게 매력을 전하기에 다소 부족하다.

· 발생할 수 있는 문제

당신은 상대가 처음에 접근하기 어려우므로 부정적인 매그넛 때문에 손해를 보거나 큰 오해를 불러일으킬 우려가 있다. 이로 인해 당신의 본질과 다른 이미지가 형성될 수 있으며, 상대에게 좋지 않은 인상을 주거나 부정적인 평가를 받을 수도 있다.

이로 인해 인간관계에 어려움이 발생할 수 있으며 스스로 자신감이 떨어져 사람 앞에 나설 때 위축될 수도 있다. 부정적인 매그넛을 변화시키기 위한 노력이 시급하다.

• 현명한 대처방안

당신은 상대에게 부정적인 매그넛을 형성시키는 원인을 찾아 개선하는 것이 바람직하다. 또한, 스스로가 콤플렉스로 인해 자신감을 잃거나 열등감을 느끼고 있는지 진단해 볼 필요가 있다.

당신에게 필요한 것은 긍정적인 마인드와 자신을 사랑하는 마음 그리고 자신감이다. 지금부터 당신이 하고 싶은 일이나 해야 할 일을 상상한 다음 그것을 하나씩 실천해 보라. 그리고 실천 후 거울을 보고 환한 미소와 함께 자신에게 아낌없는 칭찬을 하라. 이를 통해 자연스럽게 자신감을 향상시킬 수 있을 것이다.

오해를 일으키는 표정과 자세를 교정하기 위한 훈련을 지속적으로 하는 것도 상대의 부정적인 인식 개선에 도움이 된다. 그리고 자신에게 어울리는 패션 스타일을 찾아 스타일 변화도 시도할 필요가 있다. 이때 자신의 체형과 상황을 반드시 고려해야 한다. 전문가에게 조언을 구하는 것도 좋은 방법이다. 그뿐만 아니라 타인과 대화 시 상대의 말을 경청하기 위해 노력해야 한다. 그리고 하고자 하는 말의 내용을 명료하고 정확하게 전달하기 위한 연습을 한다면 주위 사람들과의 의사소통이 즐거워질 것이다.

한 번 형성된 매그넛(MAGNET)은 지속적인 개인의 노력에 의해 얼마든지 개선될 수 있다. 스스로가 자신에게 보다 관심을 갖고 꾸준히 실천한다면 긍정적인 변화를 통해 호감적인 매그넛으로 상대와 원만한 인간관계를 할 수 있을 것이다. 또한, 하고자 하는 일들을 보다 긍정적으로 해나갈 수 있을 것이다.

필자가 경험한 부정적인 상황에서
더욱 강력한 매그넛(MAGNET)

필자는 일상에서 무수히 많은 매그넛(MAGNET)을 경험한다. 그중 국제적인 매그넛 경험이 지금도 여전히 생생하게 와닿는다.

지난 14년 동안 미국에서 정식 협회로 설립된 AICI 국제이미지컨설턴트협회를 통해 국제적인 활동을 꾸준히 해왔다. 2010년 당시 한국에는 AICI KOREA CHAPTER 가 있었고, 필자는 이 협회의 교육 이사로서 다양한 활동에 참여했다. 국제 세미나, 캠페인, 글로벌 컨퍼런스 등을 통해 국내외 이미지전문가들과 교류할 수 있었고 그들과 서로의 문화를 함께 공유했다. 또한, AICI 기준에 부합하는 CEU를 쌓고 국제 이미지컨설턴트 자격증에 응시하여 2014년 국제이미지컨설턴트 자격증을 취득하였다. 이러한 과정을 통해 개인의 역량을 향상시킬 수 있었으며, 글로벌 마인드를 갖추고 국제전문가로서의 안목을 넓혀 폭넓게 사업을 추진할 수 있었다.

2014년도 이후 AICI KOREA CHAPTER는 존폐 위기에 놓였다. 'One Person Leadership' 체제였던 AICI KOREA CHAPTER는 국제회원 관리와 협회 운영에 있어 어려움이 발생하였고 결국 2014년 6월 30일에 해산되었다.

AICI KOREA CHAPTER가 해산될 때 한국의 국제회원들은 이 사실을 미리 전달받지 못했다. 해산 사실을 인지한 후 챕터 해산을 막기 위해 AICI 본회와 연락을 했을 때는 이미 너무 늦어버렸다는 것을 뒤늦게 인지했다. 결국, 일방적인 해산 통보를 받아들여야 했으며 한국의 국제회원들은 일본이나 싱가포르 챕터로 귀속되어야만 했다. 이 과정에서 AICI 측에 한국의 이미지가 부정적으로 형성되었고 한국의 국제회원들 또한 KOREA CHAPTER를 신뢰하지 않았으며 그 결과 AICI에서 부정적인 이미지가 확산되었다.

경험에 의해 형성된 매그넛은 매우 강력했다. AICI 본회에 한국 챕터 재설립을 요구했을 때마다 과거에 형성된 이미지로 인해 많은 어려움을 겪었다. AICI 챕터 설립 담당자와 소통하면서 AICI가 한국에 대해 갖고 있는 불신의 정도와 무책임하게 챕터 해산을 방치한 점에 대해 큰 실망을 했다는 것을 알 수 있었다.

또한, 한국 챕터의 운영 체제를 강하게 부정하는 점과 본회와의 소통 부재에 대한 책임을 묻는 과정에서 한국의 이미지가 생각보다 심각하게 부정적이라는 것을 느꼈다.

AICI 본회와 수차례 메일 교환과 영상 통화를 통해 소통을 시도했지만 이미 각인된 생각을 바꾸기란 쉽지 않았다. 필자는 AICI 한국 챕터를 재설립하기 위해서 한국의 신뢰 회복이 시급하다고 판단했다. 부정적인 매그넛의 영향력으로 잃었던 한국에 대한 신뢰를 다시 쌓아가기 위한 노력이 절실히 필요하다고 느꼈다.

각인된 이미지를 바꾸기 위한 노력

한국에 AICI CHAPTER를 설립하기 위해서는 첫 단계부터 다시 준비해야 했다. 한 번 신뢰를 잃은 후 다시 설립을 추진하는 것이기에 그 절차가 더욱 복잡했고 까다로웠다. 필자는 CHAPTER 설립을 추진하면서 한국에 대한 부정적인 생각을 개선하기 위해 지속적으로 노력했다.

먼저, AICI를 통해 인지한 소극적 태도, 리더십 부족, 외국어 능력 부족, 원활하지 못한 협회 운영 등 한국에 대한 인식을 개선하기 위해 매그넛의 첫 단계인 이상적 방향을 수립했다. '적극적이고 참여적이며 강한 조직력을 갖춘 한국'이라는 강점을 오해 없이 AICI 측에 전달하기 위해 최선을 다했다. 이상적 방향을 설정한 후, 현재의 상태를 분석하고 이를 바탕으로 세분화된 계획을 수립하여 실천하였다.

　한국의 장점을 전달할 수 있도록 AICI와 교감하기 위한 노력을 시작했다. 위의 이미지는 AICI 본회에 전달한 2015년 연하장이다. 연하장과 새해 인사 동영상을 AICI에 보내면서 한국의 명절인 설날에 대해 알리고 한국인의 따뜻함을 전달하기 위해 AICI와 정서적 교류를 시도하였다. 이때, 개량한복을 착용함으로써 한국적인 느낌도 함께 전달하고자 노력했다.

　한편, 영어에 서툴러서 언어 표현력이 부족하다는 인식을 변화시키기 위해 한국에서 활동하고 있는 외국어 실력이 뛰어난 국제이미지전문가들이 AICI 담당자와 적극적으로 소통했다. 영상 통화를 할 때는 다양한 제스처와 밝은 목소리로 대화했으며, 전달하는 내용, 단어 등 원활한 소통을 위해 정성을 다했다.

AICI의 신뢰를 잃는 데 가장 큰 요인이 되었던 사회적 이미지를 개선하기 위해서 한국의 국제회원이 다양하게 활동한 내용을 포트폴리오로 정리하여 매월 AICI 본회에 전달하였다. 또한, 연간 보고서를 작성하여 한국의 다양한 활동을 AICI에 보고했다. 그뿐만 아니라 SNS를 통해 AICI에 관한 왜곡된 정보를 바로잡고 정확한 정보를 제공하고자 힘썼다. 그 예로 한국의 AICI 국제회원들은 AICI 소개 영상, 안내 영상, 자격증 관련 영상 등을 촬영하였으며, 이를 온라인 커뮤니티와 SNS에 실어 AICI에 관심 있는 사람들과 소통하였다. 그 외에도 한국의 AICI 회원은 AICI를 주체로 한 나눔 활동을 추진하였다. 자발적이고 참여적인 회원들이 함께하고 있는 한국이라는 인식을 주어 본회에 한국의 가치가 전해질 수 있도록 최선을 다했다.

이와 같이 한국의 AICI 국제회원들은 AICI와 관련하여 다양한 활동을 하였으며 이를 AICI 본회에 지속적으로 보고함으로써 한국에 대한 인식을 개선할 수 있었다.

이와 동시에 한국의 국제회원 현황을 정리한 멤버십 현황 보고서를 AICI 본회에 제출하여 한국의 멤버십이 조직력을 갖춰 운영되고 있다는 것을 인지시켰다. 조직적으로 안정된 한국의 운영체제를 AICI 본회에 보여준 것이 챕터 설립 시 우려되는 요소를 해소시키고 신뢰를 회복할 수 있게 한 계기가 되었다.

'존버'로 이겨낸 부정적 매그넛(MAGNET)

2015년 2월 20일, 마침내 AICI CHAPTER 설립의 전 단계인 CIYT CIRCLE이 미국 본회의 승인을 받아 설립되었다. 'AICI KOREA BUSAN CIYT CIRCLE'을 정식 명칭으로 한국에서도 AICI 본회 인증기관이 다시 설립된 것이다.

협회 임원진은 이 사실을 각 챕터에 귀속되어 있는 한국 회원들에게 공지하였으며, 2015년 6월 20일 많은 사람들의 축하 속에서 AICI KOREA BUSAN CIYT CIRCLE 설립 기념회를 진행하였다. 지속적인 노력을 통해 매그넛(MAGNET)의 부정적 영향력을 이겨낸 뜻깊은 순간이었다.

AICI KOREA BUSAN CIYT CIRCLE 설립 후 한국에 대한 AICI 본회의 태도는 많이 달라졌다. 더 이상 한국을 불신하거나 부정적으로 말하지 않았으며 오히려 우리의 행보에 응원을 해주었다.

이러한 반응에 힘입어 한국 회원들의 적극성은 더욱 높아졌다. AICI 국제이미지컨설턴트협회에서 시행하는 국제자격증에 응시하는 회원이 늘었으며, 필자의 지도하에 3명의 포트폴리오 합격자가 생겼고 그들 중 2명이 자격시험에 최종 합격하였다.

이러한 다방면의 노력 결과, AICI 본회에서는 한국에서 노력한 현 임원진들을 인정하였고, 본 회의 임원진들 또한 한국을 지속적으로 응원하며 관계를 돈독히 쌓으려고 노력하였다. 그야말로 완벽한 전화위복의 순간이었다.

전 세계 33개국의 이미지전문가들이 취득하고 있는 AICI 국제이미지컨설턴트 국제자격시험에 최종 합격한 2인은 2015년 8월 AICI 25주년 글로벌 컨퍼런스에서 자격증을 수상하였다. 이후에도 한국의 임원진으로서의 노력뿐만 아니라 대한민국의 모든 국제자격 보유자들을 지도하며 약 40명이 넘는 국제 기준에 부합하는 이미지 전문가 양성으로 한국의 이미지 전문성 또한 더욱 향상시킬 수 있게 되었다.

Finally, we reached our goal.

AICI KB CHAPTER!

2015년 6월 29일, AICI 본회의 임원 회의를 통해 모든 서류가 검토되었으며 한국 챕터 설립이 준 승인되었다는 메일을 본회 임원으로부터 받게 되었다. 이후 2015년 8월 27일, AICI 25주년 글로벌 컨퍼런스에서 개최된 챕터 설립 회의에서 AICI KB CHAPTER가 최종 승인되었다.

AICI의 개정된 정관에 의해 챕터 명칭으로 나라로 명과 지역명을 함께 지정해야 했다. 설립을 추진하고 있는 한국의 임원진은 혹시나 한국에서 지역적 문제가 생길까 우려하여 AICI 본회에 한국의 수도인 서울을 넣어 AICI KOREA SEOUL CHAPTER로 챕터명 변경을 부탁했다. 하지만 AICI 본회의 임원진은 챕터명 변경이 매우 복잡한 절차를 거친 후에 가능하기 때문에 당장에 한국의 수도 명칭을 챕터 명의로 사용할 수 없다고 했다. 한국의 임원진을 포함하여 국제회원들은 이러한 상황이 참으로 안타까웠지만 한국에 다시 AICI의 28번째 챕터가 설립되었기에 그동안 해왔던 노력의 결실을 맺은 것에 감사하며 이를 받아들였다.

현재 AICI 본회는 한국을 매우 긍정적으로 인식하고 있으며 AICI KB CHAPTER의 멤버십을 신뢰하고 있다. 또한 한국의 회원들이 혼란 없이 국제활동을 할 수 있도록 AICI KB CHAPTER가 NEW 챕터라는 것을 정확히 명시했다. 과거에 해산되던 챕터와는 별개로 처음부터 AICI 본회가 정해놓은 정규 절차를 단계별로 밟고 설립된 온전히 새로운 챕터라는 것임을 강조하였다.

AICI 본회의 임원진들은 AICI KOREA BUSAN CITY CIRCLE의 열정과 노력으로 CHAPTER 설립을 이루어낸 것이 굉장히 자랑스럽다고 하였으며, 앞으로의 행보에 항상 기쁨이 넘치길 바라며 응원한다는 메세지를 보내주었다.

AICI KB CHAPTER의 정식 승인은 2015년 AICI 25주년 글로벌 컨퍼런스에서 성대하게 이뤄졌다. 한국이 그동안의 부정적인 이미지를 회복하고 다시 AICI 본회의 신뢰를 얻어 한국에 새 챕터가 설립된 감동의 순간이었다.

필자는 한국이 KB CHAPTER 설립 세리머니를 하는 순간에도 가치로 인한 자동 끌림, 매그넛(MAGNET)을 잊지 않았다. 이날의 한국 가치는 33개국의 국제이미지컨설턴트 약 300명의 머릿속에 평생 기억될 것이기 때문이다.

그래서 챕터 세리머니를 위해 무대에 오른 멤버들은 한국의 전통 복식인 궁중 당위와 한복을 차려입었다. 소감을 발표할 때도 격식 있는 단어를 사용하고 인상 깊은 제스처를 하였으며 한국의 아름다움과 열정을 전하고자 노력했다. 특히, 마지막에 보인 한국의 인사인 '절'은 그들에게 한국을 매우 특별하게 기억시키기에 충분했다. 33개국의 국제이미지컨설턴트들이 기립박수로 한국의 챕터 설립을 축복해 주었던 순간이 아직도 생생하게 떠오른다.

글로벌 컨퍼런스 일정이 진행되는 동안 각국의 이미지컨설턴트들에게 한국에 대한 생각을 굳이 물어볼 필요가 없었다. 한국의 챕터에 대한 인지도, 챕터 세리머니에서 한국의 인상적인 모습에 대한 찬사, 먼저 다가와 한국의 챕터 멤버와 대화하기를 원하는 모습 등에서 그들이 한국을 매우 긍정적으로 생각하고 있음을 알 수 있었다. 처음 보는 사람들로 붐벼 서로 낯설기만 했던 컨퍼런스 첫째 날과는 확연히 달라진 모습이었다.

AICI 각국의 국제회원들에게 한국은 챕터가 해산된 국가로 기억되었을 수도 있었다. 하지만 AICI KB CHAPTER의 임원진과 국제회원들의 노력으로 한국의 이미지를 쇄신하고 나아가 33개국 프로 이미지컨설턴트의 머리와 가슴속에 한국을 매력적이고 특별한 나라로 기억시킬 수 있었다.

힘들었던 과정에 함께 힘을 보태어 준 모든 분들께 진심으로 감사드리며, AICI KB CHAPTER의 설립 회장으로서 한국의 프로 이미지전문가들이 국제무대에서 활발히 활동하여 한국의 가치를 전할 수 있도록 매사에 정성을 다할 것이다.

매그넛(MAGNET) 경험인-10인의 경험

김유열(30대)/삼성생명 재무컨설턴트

매그넛(MAGNET)

재무 컨설팅을 하다 보면 고객과 신뢰를 쌓는 일이 매우 중요합니다. 특히, 고객에게 보이는 이미지는 신뢰를 쌓는 데 결정적인 요소라고 해도 과언이 아니죠. 그래서 저는 항상 이미지 관리를 합니다. 늘 단정한 머리 스타일을 하며 매일 잊지 않고 면도를 하는 등 고객에게 깔끔한 느낌을 주고자 노력하고 있습니다. 여름에는 덥기도 하지만 항상 정장을 착용하여 믿음이 가는 이미지를 전달하기 위해 노력합니다. 그리고 고객과 대화를 나눌 때도 가볍지 않은 목소리로 말하며, 단어 선택에 주의하여 고객에게 신뢰를 줄 수 있도록 신경 쓰고 있습니다. 이러한 노력으로 인해 많은 고객들이 저를 찾아주고 있습니다. 강력한 매그넛을 구축하기 위해 이미지는 특별한 사람만이 아니라 모든 이들이 자신을 위해 관리해야 하는 매우 중요한 부분이라고 생각합니다.

김지연(40대)/공연기획 팀장
매그넛(MAGNET)

공연을 기획하다 보면 정말 많은 사람들을 상대하게 됩니다. 특히, 행사를 더욱 활동적으로 만들기 위해 많은 연예인들을 섭외하는데요. 무대 뒤에서 벌어지는 상황들로 인해 특정한 매그넛이 형성되는 경우가 참 많습니다. 그중 예의 없는 신인 걸그룹에 대한 에피소드를 잊을 수가 없네요. 행사 관계자들에게 인사는 고사하고 사람을 가려가며 대하던 태도로 인해 다른 행사장에서 다시는 볼 수 없게 되었죠. 한순간의 잘못된 행동으로 자신의 다음 무대를 영영 잃은 그 친구들을 생각하면 안타까우면서도 이 업계에서 매그넛의 중요성을 다시금 느끼게 된답니다.

이선종(30대)/프로게이머 감독
매그넛(MAGNET)

'식빵 감독'으로 인터넷을 뜨겁게 달궜던 프로게이머 감독입니다. 지금 생각해도 아찔한 사건이었습니다. 제가 맡고 있는 팀의 경기 결과가 좋지 않아 저도 모르게 욕설이 나왔는데 그 장면이 방송을 타고 기사화되면서 사건이 일파만파 커졌습니다. 제 행동으로 인해 저희 팀의 이미지는 물론이고 제 이미지까지 엄청 안 좋아졌죠. 저와 저희 팀을 잘 모르는 사람들은 이 정보만을 먼저 접한 후 부정적인 인식을 갖기도 했습니다. 그대로 방치하면 안될 것 같아 매그넛의 힘을 역으로 활용하였습니다. 식빵을 들고 찍은 사진을 다시 기사화하여 조금은 위트 있게 위기를 극복했으며 '식빵 감독' 하면 저를 떠올릴 수 있는 나름의 상징성도 갖게 되었습니다. 앞으로는 보다 좋은 사람으로 기억될 수 있도록 노력할 것입니다.

김진규(60대)/자영업

매그닛(MAGNET)

1993년도에 택시를 탔을 때 택시 기사에게 들었던 일화입니다. 사람을 함부로 판단하면 안 되겠다면서 저에게 자신의 경험을 들려주었죠. 택시 기사님께서 할머니를 태우셨는데 목적지를 물으니 김해교도소로 가달라고 했답니다. 택시 기사는 할머니의 차림새도 누추하고 표정도 힘들어 보여서 자식이 사고를 쳐서 교도소에 간 것일 거라는 생각을 했었답니다. '교도소' 하면 왠지 범죄자가 먼저 떠오르니까요. 택시 기사는 안된 마음에 이런저런 얘기를 나누면서 교도소까지 갔다고 했습니다. 면회 신청서라도 대신 써 드릴 마음으로 할머니 봇짐을 들고 면회소로 가려는데 할머니께서 다른 쪽으로 가더랍니다. 그래서 택시 기사는 할머니께 그쪽은 직원들 면회소라고 얘기했더니 할머니께서 우리 아들이 여기 직원이라고 했답니다. 택시 기사는 순간 할머님의 차림새와 교도소라는 단어 때문에 아들이 당연히 수감자일 거라고 생각했다며 다른 사람을 함부로 판단해서는 안 되겠다고 생각했다 하더군요. 저도 이 일을 통해 상대를 볼 때 섣부르게 판단하지 않으려고 노력하고 있습니다.

배홍명(30대)/사다리포차 대표
매그넛(MAGNET)

전에는 PC방을 운영을 하면서 스스로 매그넛의 중요성을 느끼지 못했었습니다. 그래서 손님과 다를 바 없이 편한 차림으로 지냈었습니다. PC방 사업을 접고 동네에 선술집을 오픈하면서 손님들을 응대하다 보니 매그넛 파워가 필요하다고 느꼈습니다. 특히, 선술집 느낌에 맞는 이미지가 필요하다고 생각했습니다. 이때부터 친근한 모습으로 손님에게 다가갈 수 있도록 작은 것에서부터 조금씩 변화를 주었습니다. 이후 저와 제 가게에 대한 평판이 좋아졌다는 것을 스스로 느낄 수 있었습니다. 손님들이 더 자주 가게를 찾아주셨고 예전보다 서로 가까워진 것을 느낄 수 있었습니다. 매그넛이 사업에 미치는 파워를 실감했던 경험이었고 무엇보다 그 힘의 중요성을 깊이 깨닫게 되었습니다.

임채민(10대)/학생
매그넛(MAGNET)

저는 중학생입니다. 제가 1학년 때 방황하면서 지각이나 결석도 종종 하고 선생님의 말씀을 잘 듣지 않았습니다. 지금은 그렇지 않은데 중1 때 저는 소위 말하는 '문제아'처럼 각인이 되어버린 거죠. 그래서 지금 2학년 생활을 하는 것이 조금 힘들어요. 상대에게 한 번 부정적인 인식이 되면 바뀌기 어렵다는 것을 직접 느꼈습니다. 그래서 앞으로 학교에서 경솔한 행동으로 다른 사람에게 부정적인 인식을 주지 않도록 주의해야 되겠다고 생각했습니다.

이서현(40대)/모조에스핀 신세계센텀점 샵마스터

매그넷(MAGNET)

사람들은 옷을 입어보기 전에 눈으로만 보고 판단하는 경우가 많습니다. 하지만 옷은 보는 것보다 실제로 입어봐야 그 진가를 알 수 있죠. 얼마 전 한 여성분께서 매장에 원하는 스타일의 옷이 없다고 걸음을 돌리려고 하셨습니다. 그때 제가 카키색 플레어 원피스를 권했지만 평소 좋아하는 스타일이 아니라며 입어보길 망설이더군요. 저는 보다 적극적으로 권했고 그 고객은 결국 제가 권한 옷을 착용했습니다. 그런데 거울을 보자마자 엄청 마음에 들어 하더군요. 자신이 생각했던 것과 너무 다르다며 옷을 입어 보니 훨씬 더 예쁘다고 바로 구매 하셨습니다. 그리고 다음에 또 방문해서 직접 입어 보겠다며 만족스러운 표정으로 말씀하셨습니다. 상대가 자신의 가치 기준에서 일방적으로 형성하는 매그넷의 현상 때문에 의류매장에서는 종종 불리한 상황이 생기기도 하지요. 하지만 모든 것에 개인적인 편견으로 형성된 생각을 내려놓으면 대상의 진정한 가치를 발견할 수 있을 것입니다.

손가현(20대)/국제퍼스널컬러컨설턴트

매그넷(MAGNET)

제가 5살 정도였을 때 개한테 물린 적이 있습니다. 집 근처에는 항상 큰 개가 돌아다니고 있었는데 어느 날 그 개가 저를 막 쫓아왔죠. 당황한 저는 도망가다 넘어졌고 쫓아오던 개가 제 다리를 물었습니다. 그때부터 저는 개, 강아지라면 아주 질색을 합니다. 아무리 작고 남들이 귀엽다고 해도 딱히 눈이 가지 않아요. 만지는 것은 당연히 싫고요. 어릴 때 각인된 생각이라 더 그런 것 같아요. 앞으로도 개나 강아지를 좋아할 일은 없을 것 같습니다.

정유진(20대)/직장인
매그넛(MAGNET)

학교생활을 하다 보면 발표를 할 기회가 종종 있습니다. 주변에서 발표에 자신이 있는 사람이나 혹은 자신이 없다 하더라도 발표를 마친 사람들을 보면 스스로에게 성취감을 느끼거나 뿌듯해하거나 하다못해 홀가분해 하기라도 하는데 저는 다른 사람들과 달리 발표가 끝나면 굉장히 불안해졌어요. 처음에는 그 이유 잘 몰랐었는데 곰곰이 생각해 보니 1학년 때 발표 동아리에서 발표 연습을 할 때 선배님들 앞에서 엉엉 울 정도로 많이 혼났었던 적이 몇 번이나 있었습니다. 그 경험으로 인해 지금도 발표를 마치고 나면 혼나거나 좋지 않은 피드백을 들을까 불안한 마음이 계속 드는 것 같습니다. 생각보다 자신에게 한 번 각인된 경험에 의한 자동끌림은 기억 속에 오래 남아 삶의 많은 부분에 영향을 주는 것 같아요.

추재광(30대)/영업직
매그넛(MAGNET)

저는 무언으로 사람을 이끌 수 있다는 경험을 직접 했습니다. 영업직이다 보니 많은 고객을 응대하고 다양한 장소에서 만나게 되는데요. 하루는 태풍이 거세게 부는 날이었습니다. 다른 사람들은 이런 날 고객을 만나면 좋아할 사람이 없을 거라고 판단하여 일정을 바꾸거나 미루는 반면, 저는 비바람을 뚫고 고객을 만나러 고객의 사업장에 방문했습니다. 비바람이 엄청 불어서 옷은 다 젖고 강한 바람 때문에 망가진 우산을 쓰고 있는 제 모습을 본 고객님은 저를 한걸음에 맞아주셨습니다. 생각지도 않았는데 그날 계약이 성공적으로 성사되었습니다. 후에 알게 된 내용이지만 그 고객은 궂은 날씨에도 자신을 만나러 온 제 모습에 끌려 계약을 결심했다고 하더군요. 그날 집으로 돌아가는 제게 자신의 우산까지 꼭 쥐여 주셨습니다. 이때부터 저는 고객에게 성실한 사람으로 기억될 수 있도록 노력하고 있습니다.

APPENDIX 04

이미지 파워로 인한 자동끌림의 법칙 'MAGNET':

사람들은 대상을 인지할 때 다양한 관점에 영향을 받는다. 다음은 '이미지 경영론(김혜리·이정원, 2011)'의 이미지 관점을 수정·보완하고, 김혜리(2014) 박사학위논문의 각 관점이 갖는 이미지 파워의 영향력에 대해 정리한 것이다. 필자는 이를 통해 당신이 이미지 파워로 인한 자동끌림의 법칙을 깨닫고, 매그넛(MAGNET)을 생활 속에서 적절하게 활용하길 바란다.

이미지 파워의 MAGNET

이미지 파워	MAGNET
과거의 경험에 의해 형성된 이미지 파워	긍정 공감, 교감 능력 상승 부정 편견, 선입견 발생
시각적 구성물이 모여 형성된 2차적으로 단순화된 이미지 파워	긍정 전제적 메세지 전달 가능 부정 세부적 구성요소 인지 방해
노출된 정보를 반영하여 형성된 이미지 파워	긍정 주관적 판단 가능 부정 대상의 왜곡 발생
인식의 최적화를 위한 전략을 통해 형성된 이미지 파워	긍정 최상의 가치 형성 가능 부정 실체와의 괴리감 발생
말보다 강하고 정확한 표현력을 가진 이미지 파워	긍정 간단하고 정확한 소통 가능 부정 상이 한 내용으로 오해 발생
신뢰를 바탕으로 상대를 이끄는 이미지 파워	긍정 대상의 자동 이끎 가능 부정 부당한 명목으로 조직 선동
자신의 정보를 통해 형성된 이미지 파워	긍정 지식 습득의 욕구 향상 부정 표현의 두려움 발생
메세지를 함축한 상징적으로 형성된 이미지 파워	긍정 대상의 장기간 각인 효과 부정 상징성을 이용한 사칭 발생
타인의 평가에 의해 형성된 이미지 파워	긍정 자기관리 욕구 향상 부정 평가에 대한 두려움 발생
대상에 대해 상호 조율하여 형성된 이미지 파워	긍정 동일한 대상 상기 가능 부정 개성적 사고 방해

독자가 경험할 매그넷(MAGNET):
삶은 매그넷을 만난 전과 후로 나뉜다!

MAGNET	MAGNET 활용 전 계획	MAGNET 활용 후 변화
경험의 힘		
단순화의 힘		
정보의 힘		
전략의 힘		
소통의 힘		
선동의 힘		
지식의 힘		
시각적 힘		
평판의 힘		
조율의 힘		

　　매그넷(MAGNET) 현상 앞에 당당할 수 있는 방법은 10가지 파워를 일상에서 꾸준히 활용하는 것이다. 자신의 진정한 가치를 발견하고 이를 개발하기 위한 노력을 아끼지 말라. 자신의 가치를 드높이기 위한 노력을 바탕으로 차근차근 경영된 당신의 매그넷(MAGNET)으로 매 순간 빛을 발할 것이라고 필자는 확신한다.

이제, 'MAGNET'으로 신명 나게 소망하는 삶을 사는
행복한 'MAGNETER'가 돼라!

APPENDIX 06

작가와 소통하는 공간

에듀아티스트 김혜리 박사는 공식 홈페이지(www.kimhyeri.kr) 외에도 많은 사람들과 소통하기 위해 다양한 커뮤니티 활동을 하고 있습니다. 다음의 커뮤니티 정보를 통해 김혜리 박사와 보다 깊고 진솔한 소통을 가져보시길 바랍니다.

김혜리 박사의 공식 홈페이지

http://www.kimhyeri.kr

네이버 블로그 http://blog.naver.com/kimhyeri91

네이버TV http://m.tv.naver.com/kimhyeritv

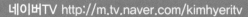

유튜브 https://youtube.com/channel/UCHPw0RVWAxajiLZDsY8Abvw

FACEBOOK & INSTAGRAM

https://www.facebook.com/eduartisthyeri   https://www.instagram.com/eduartist_hyerikim

김혜리의 MAGNET

사단법인 국제문화경제일자리협회 http://www.iacei.or.kr

사단법인 국제문화경제일자리협회 풍선마켓 http://www.iacei.co.kr

주식회사 다흰그룹 http://www.daheuin.com

종합쇼핑몰 고고리얼박스 http://www.kshcompany.co.kr

뷰티쇼핑몰 HYERISH http://www.hyerish.com

Dr.Hyeri 컨설팅 카카오톡 채널 http://pf.kakal.com/_xbxexbzs

에듀아티스트 김혜리 박사와 가까이 호흡하고 다양한 정보를 접할 수 있는 공간!
김혜리 박사의 MAGNET을 경험하면서 그 영향력을 느끼고, 여러분의 삶에도
적용하여 행복한 마그네터(MAGNETER)가 되어요. 우리!!

MAGNET을 아는 자,
'억울함'이 없으리라!

우리는 사적인 인간관계를 맺거나 미팅, 협상, 계약 등의 비즈니스를 할 때에도 상대의 가치를 평가한다. 이때의 가치는 상대와의 관계를 진전시키거나 일을 성사시키는 데 매우 중요한 요소로 작용한다. 이러한 이유로 사람들이 자신의 가치를 높이기 위해 노력한다고 해도 과언이 아니다.

그러나 상대가 마음대로 당신을 평가하여 본질이 왜곡되었을 때 스스로의 노력이 무척이나 억울하게 느껴질 수도 있다. 책 속의 예시나 일화를 접하면서 마치 자신의 일 같고 한 번쯤 겪었던 것처럼 공감되는 부분이 있지 않았는가? 그렇다. 매그넛(MAGNET)은 우리의 일상에서 아주 '흔하게' 일어나는 현상이다. 다시 말해, 자동 끌림 법칙의 현상인 매그넛의 영향력이 발휘되어 대상의 평가가 왜곡되는 현상이 빈번하게 발생한다는 말이다. 우리는 이를 간과해서는 안된다.

당신이 평가받는 입장에 놓여 있다고 가정했을 때 한 가지 사실을 반드시 기억해야 한다. 상대가 기억해 줬으면 하는 자신의 가치는 그저 나만의 희망 사항이 될 수도 있다는 것.

하지만 당신이 상대에게 왜곡되었다고 해서 당신의 가치가 없어진 것이 아니다. 단지 당신을 평가하는 상대에게 매그넛(MAGNET)의 영향력이 발휘된 결과라는 것을 인지한다면 그들의 평가에 억울한 감정이 생기지 않을 것이다. 그뿐만 아니라 타인의 평가에 현명하게 대처하는 스스로를 발견할 수 있을 것이다.

이 책을 통해 독자에게 전달하고 싶은 메세지는 크게 3가지이다. 첫째, 상대에게 평가받을 때 주체의 의도와 상관없이 본질적 가치가 왜곡될 수 있다. 둘째, 평가가 왜곡되는 이유를 매그넛(MAGNET) 현상에서 찾을 수 있으며 이를 통해 세상을 바라보는 안목을 향상시킬 수 있다. 셋째, 매그넛(MAGNET)은 우리의 일상에서 빈번하게 발생하며 누구나 자신도 모르는 사이 그 영향력 앞에 놓이게 된다는 것이다.

변하지 않는 진리는 '세상에 존재하는 모든 대상이 가치 있다'는 것이다. 자동끌림의 법칙, 즉 매그넛(MAGNET)을 이해하고 활용한다면 꼭 필요한 순간에, 꼭 필요한 곳에 가치 있는 사람으로 함께 할 수 있을 것이다.

필자는 당신이 보다 나은 삶을 살아갈 수 있도록 자동끌림의 영향력을 명확히 인지하고, 매 순간 매그넛(MAGNET)을 긍정적으로 활용해야 한다는 것을 알려주고 싶었다.

'MAGNET'이라는 책이 현대사회를 살아가는 사람들의 '똑똑한 안목'이 되어줬으면 한다. 또한, 이 책을 접한 많은 이들이 'MAGNET'이 형성될 때 일어나는 현상을 현명하게 받아들이고 보다 효과적으로 자동끌림의 영향력을 활용하여 존버의 승리를 이루어 혁신적으로 변화하기를 기대한다.

이제 소망하는 삶을 살아갈 행복한 마그네터(MAGNETER)가 될 준비가 되었는가?

나눔 실천을 통해 행복한 에듀아티스트 **Dr. 김혜리**

김혜리(2014). 개인이미지경영교육프로그램 개발 및 성취목표지향성과 자기관리능력에 미치는 효
　　과분석. 박사학위논문.

뉴스토마토(2015.05.10). 명성평가 1위 '삼성전자'
　　http://www.newstomato.com/ReadNews.aspx? no=554024

머니투데이(2015.01.09). 한국청소년, 선진국보다 하루 평균 1시간 덜 잔다
　　http://news.mt.co.kr/mtview.php? no=2015010915173170596&type=1

브릿지경제(2015.05.25). '땅콩 회항' 대한항공 169일…무엇을 잃고 무엇을 얻었나
　　http://www.viva100.com/main/view.php? key=20150525010003632

스포츠월드(2014.03.06). 김연아 의상이 여전히 화제, 미국 언론 "황록색은 소화하기 힘든 색"
　　http://www.sportsworldi.com/content/html/2014/03/06/20140306020040.html

이데일리(2014.03.05). 김연아 쇼트 의상, 美 "아름답다" vs 日 "단무지" 시각차
　　http://starin.edaily.co.kr/news/NewsRead.edy?
　　SCD=EB33&newsid=01423526606020368&DCD=A20402

전북도민일보(2015.04.08). 도전정신 잃어가는 대학생들
　　http://www.domin.co.kr/news/articleView.html? idxno=1063089

중도일보(2015.06.30). 왜 메르스를 조기에 잡아야 하는가
　　http://www.joongdo.co.kr/jsp/article/article_view.jsp? pq=201506300194

한국일보(2015.03.31). 조현아 효과? 대한항공 가치 추락
　　http://www.hankookilbo.com/v/2e8ffd92c18c4914b67c0bc919ddf9a9

헤럴드경제(2015.02.26). 생각만으로 드론 조종…인공 손보다 놀랍다
　　http://biz.heraldcorp.com/view.php? ud=20150226000041

헤럴드경제(2015.07.02). 메르스, 세월호보다 경제 충격 4배.. 회복 속도 느리다
　　http://biz.heraldcorp.com/view.php? ud=20150702001062

YTN 한 컷 뉴스(2015.07.21). '요술봉 20만원 '내 어릴 적 추억을 삽니다'
　　http://www.ytn.co.kr/search/search_view.php? s_mcd=0103&key=201507211800081757

대한민국 모든 국민을 공감하게 하는 토크

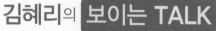

김혜리의 보이는 TALK

김혜리는 대한민국 모든 국민을 공감하게 하는 토크 현장을 꿈꾼다!

어린아이, 학생, 직장인, 성인, 어르신 등
모든 사람과 함께 나누고
공감할 수 있는 토크 현장!

그 현장에서 삶의 긍정적 에너지 그리고 세상에 하나뿐인 가치 있는 자신을
일으킬 수 있게 만드는 힘을 더욱 생생하게 전달합니다!

보이지 않는 나의 현실!
보이지 않는 나의 미래!
보이지 않는 나의 꿈!

아직도 고민이신가요??
'김혜리의 보이는 TALK'에서 직접 만나보세요!

김혜리
IMAGE
CONCERT

한 편의 영화를 본 듯한, 최고의 동기부여 강연

이미지 콘서트

내 인생의 최고의 선물을 받을 강연 콘서트!
내 인생에서 꼭 한 번은 봐야 할 삶을 담은 강연!
내 삶의 터닝포인트를 제시 할 김혜리 이미지 콘서트!

절취선 ✂

시즌 5! COMING SOON!

예매문의 Ch Dr.Hyeri

1+1 COUPON

사랑하는 이와 함께 오세요!

김혜리 이미지 콘서트가 가진 스토리!

11년 전 그녀의 마음이 이끄는 대로 했다!
바로 콘서트 강연이 현실이 된 2011년!
매그넛(MAGNET)을 경험한 그녀가 말한다!!
시즌 1회를 시작으로 시즌 4까지 전석 매진!
그 뜨거운 순간이 여전히 생생하다!

김혜리만이 할 수 있는 新개념 강연 콘서트!

교육학 박사 김혜리에 의해 개발된
'김혜리 이미지 콘서트' 서비스 상표와 저작권 등록을 마친
대한민국 유일한 강연 콘서트!
김혜리만이 할 수 있고(Only), 함께(With) 하는 것만으로도
모두가 행복해지는 김혜리 이미지 콘서트가
시즌 5로 찾아갑니다!

홈페이지
http://www.kimhyeri.kr
티켓 구매 홈페이지
http://www.kshcompany.co.kr
카카오톡 채널
@drhyeri
http://pf.kakao.com/_xbxexbzs

강연 내용

김혜리 이미지 콘서트는 MAGNET 파워를 통해 새로운 당신을 만나게 해 줄 강연 콘서트입니다. 가슴 벅찬 시간으로 눈부신 당신의 진가를 만나보세요!

NAME :

PHONE :

E-MAIL :

Coming Soon

세계 최초 공연

MAGNET

이제 기적의 문을 열 준비가 되셨나요?